大学生就业创新思维模式与实践探索

方　敏◎著

吉林大学出版社
·长春·

图书在版编目（CIP）数据

大学生就业创新思维模式与实践探索 / 方敏著 . --
长春 : 吉林大学出版社 , 2022.5
ISBN 978-7-5768-0303-7

Ⅰ . ①大… Ⅱ . ①方… Ⅲ . ①大学生－职业选择
Ⅳ . ① G647.38

中国版本图书馆 CIP 数据核字 (2022) 第 154592 号

书　　名　大学生就业创新思维模式与实践探索
　　　　　DAXUESHENG JIUYE CHUANGXIN SIWEI MOSHI YU SHIJIAN TANSUO
作　　者　方　敏
策划编辑　殷丽爽
责任编辑　董贵山
责任校对　周　鑫
装帧设计　王　斌
出版发行　吉林大学出版社
社　　址　长春市人民大街 4059 号
邮政编码　130021
发行电话　0431-89580028/29/21
网　　址　http:/ / www. jlup. com. cn
电子邮箱　jldxcbs@ sina. com
印　　刷　天津和萱印刷有限公司
开　　本　787mm × 1092mm　1/16
印　　张　11.5
字　　数　200 千字
版　　次　2022 年 5 月　第 1 版
印　　次　2022 年 5 月　第 1 次
书　　号　ISBN 978-7-5768-0303-7
定　　价　72. 00 元

前 言

在经济全球化发展的新时代，我国现代化建设高速发展，高素质、高技能、创新型、全面发展的人才作为现代化发展的基石，是影响现代化建设速度和质量的重要因素，大学生正是新时代国家建设的主力军，培养大学生的创新思维、创业精神和能力显得至关重要，在现代高校教育中只有更新教育教学理念，探索创新创业教育新模式，通过具有针对性和实用性的教学实践，切实培养大学生创新的意识和创业的能力，并使之能够举一反三，融会贯通。最终才能将大学生培养成为具有责任感、使命感，能够为国家和人类社会创造价值的综合人才。

本书第一章为大学生就业形势和就业观念，分别介绍了大学生就业形势与就业政策现状、大学生就业方式与就业市场分析、大学生职业认知与职业素质培养三个方面的内容；本书第二章为创新思维与创业基础理论，主要介绍了四个方面的内容，依次是创新的概念与创新思维训练、创新思维与创业的关系、创业机会与创业能力的关系、大学生创业方法与途径探索；本书第三章为创业者与创业团队，分别介绍了四个方面的内容，依次是创业者概述、创业者的素质与必备能力、创业团队与创业者的关系、创业团队的组建与管理策略；本书第四章为创业资源与创业融资，依次介绍了创业资源概述、创业资源的类型与管理、创业资源获取途径与影响因素、创业融资概述、创业融资的渠道与选择策略五个方面的内容；本书第五章为创业计划与市场调研，主要介绍了三个方面的内容，分别是创业计划概述、市场调研的内容与方法、商业计划书的撰写与注意事项；本书第六章为新企业的开办与管理，主要介绍了四个方面的内容，分别是企业的组织形式与注册流程、企业注册相关文件撰写与流程、企业创立的注意事项与法律法规、新企业的成长与管理技巧；本书第七章为大学生创业风险与防控，主要介绍了三个方面的内容，分别是创业风险概述、创业风险的发生途径与防范、创业者风险承担能力评估。

在撰写本书的过程中，作者得到了许多专家学者的帮助和指导，参考了大量的学术文献，在此表示真诚的感谢！本书内容系统全面，论述条理清晰、深入浅出。

限于作者水平有不足，加之时间仓促，本书难免存在一些疏漏，在此，恳请同行专家和读者朋友批评指正！

作者

2021 年 10 月

目录

第一章　大学生就业形势和就业观念

本章针对大学生就业形势和就业观念展开论述，围绕三个方面进行阐释，依次为大学生就业形势与就业政策现状、大学生就业方式与就业市场分析、大学生职业认知与职业素质培养。

第一节　大学生就业形势与就业政策现状

一、当前高校大学生就业形势概述

（一）当前高校大学生就业新形势

1. 高校毕业生供给量不断增加

现阶段我国的大学生毕业人数快速增长，大学生就业压力不断增大。尤其新冠肺炎疫情下造成经济下滑严重影响当代大学生就业，高校毕业生就业形势十分严峻，就业难度远超往年。在此形势下，充分发挥高校统一战线在促进大学生就业工作中具有独特的优势特征，协调整合各种社会资源，积极为青年就业创业搭建稳定的平台，做好服务高校学生就业的相关工作。

2. 大学生就业结构性问题比较突出

（1）从地区分布来看

从全国范围的数据来分析，东南部省份城市将吸纳超过一半以上的高校毕业生就业。东部需求持续旺盛与西部地区需求普遍不足并存，高校毕业生就业首选地区依然是东部一、二线城市。北京、上海、杭州、深圳、广州等依然是最受高校毕业生青睐的首选就业城市。学生的就业地域选择大多是受当地经济、文化、交通设施、社会关系等方面的影响较大，“孔雀东南飞”的现象依然是主流。

（2）从行业差异情况来看

经济发展必然带来行业的差异性发展，行业的变迁也影响了高校毕业生就业的现状。目前，物流类专业、电子信息类专业、材料学专业、建筑学专业等人才需求量比较大，而目前这类行业的人才培养速度比较慢，供给略微跟不上需求。但同时，随着疫情影响经济下行发展所带来的一些服务行业、管理行业对毕业生的就业需求量下降。如：房地产行业、国际贸易行业等的需求量下滑较大。

（3）从专业竞争来看

目前工科类及应用型技术类的专业就业需求比较大，而文科类、管理类专业的就业形势比较严峻。大众口中比较“好听”的时髦专业由于专业日益趋同的现象造成目前工商管理、公共管理、行政管理、文秘等专业的毕业生将面临更激烈的就业竞争形势。

3. 求职时间不断延长，签约时间整体后移

近年来，高校毕业生的主动就业意愿呈现弱化趋势。学生越来越没有毕业后积极就业的迫切心态，反而在升学、考公、出国、创业等方面徘徊，思前顾后，举棋不定。家长对于孩子的就业也呈现出不紧不慢不催促的心态。因此，部分高校毕业生搜寻工作的时间不断延长，从毕业的前一年年底一直到毕业前都处于寻找工作的试水状态，就业心态摇摆不定，不安心工作，部分学生还缺乏职业规划，朝三暮四，与就业单位签约后不足两个月时间又违约的现象频繁出现，签约时间整体后移的情况越来越多。结合实际情况分析问题原因包括：一是高校毕业逐年递增形势与就业岗位增加不足的矛盾。随着高校扩招，近年来高校毕业生人数增加过快，经济转型下，社会就业岗位的需求量跟不上毕业生人数的变化，造成供大于求的局面。二是就业观念的改变。国家和学校一直鼓励学生先就业再择业，但越来越多的学生选择慢就业状态，学生愿意花大量的时间实习尝试，对比调整，但最后签约延后，观望与思考的时间越来越长。三是高校毕业生期望值过高。毕业生普遍偏向公务员单位、事业编制单位就业，因此，花大量的时间备考公务员、各类事业的招考，但最后录取的人数极少，一方面是招考单位所需就业岗位人数较少，另一方面是毕业生自身能力的提升不足。部分毕业生眼高手低，不愿意从事基层工作，不愿意留在三线城市、偏远山区工作，向往一、二线大城市就业，但一、二线城市的竞争激烈，毕业生应聘接二连三遭受失败，心理落差越来越大，就业压力倍增。四是高校毕业生自身求职技能与职业规划的缺失。毕业生缺乏职业规划造成了职业选择的盲目与观念上的偏执，自身职业技能的缺失造成在求职阶段不断受挫。

（二）当前高校大学生就业新形势中的不利因素

1. 高校大学生“就业难”问题变得日益突出和显著

随着高校不断地扩招，高校毕业生的就业问题渐渐变成了一个社会大众普遍关注的问题之一。每年不断递增的高校毕业生就像一个个巨大的压力让就业市场“喘不过气来”。国有企业的下岗失业人员历史遗留问题严峻，高校毕业生作为新生的就业力量又源源不断地融入就业大军中。如此一来，就业市场的岗位供需变得十分吃紧。社会能够提供的岗位少之又少，但是需要岗位的人又十分众多，“僧多粥少”的局面成为当前大学毕业生就业的突出问题。且在高校毕业生不断就业竞争的过程中，各个高校专业和学校的差异也进一步给就业形势带来了影响和分化。一些重点院校的毕业生在就业市场上十分抢手，而一些普通院校的毕业生则往往出现“市场遇冷”的尴尬局面。

2. 高校毕业生就业结构不合理，就业形势不容乐观

目前高校大学生就业形势出现的是结构性矛盾问题。地区结构、专业结构等都是十分突出和严峻的问题。一些东部沿海发达地区，就业形势一般比较良好，而那些西部欠发达地区，就业形势则显得十分堪忧。换言之，经济发达地区就业形势较好，就业渠道广阔；而经济欠发达地区则没法挽留人才，高校毕业生也不愿意往此地流通，使得地区人才供给严重失衡。同时，高校各个专业之间就业形势不均衡也是十分普遍的问题，专业设置与市场脱节，在就业过程中观念落后等都是困扰高校大学生就业的症结。

3. 大学生就业市场不规范，存在较多的漏洞和盲区

在计划经济时代，我国的人才供需主要是以分配为主。而到了现如今百花齐放的市场经济时代，用人单位与个人早已经实现了真正意义上的“双向选择”。每年一到毕业季，各个高校就会与用人单位联合举办各种类型的招聘会和双选会。但是大学生就业市场的完善与规范并不仅仅应该在双选会上做文章，而是应该各个部门相互配合，为人才的有效流通奠定坚实基础。而现实情况是每个地方都对大学生就业有着一定的地方保护主义，不少不属于当地的大学生在外地就业市场上困难重重。换言之，整个就业市场有失公允，一个公平竞争的就业市场尚未真正完全建立起来

4. 用人单位观念陈旧，对人才的选择和定位缺乏准确性

纵观现如今的高校毕业生就业市场现状，用人单位盲目制定用人计划和用人目标的问题十分常见。不少单位并未从自己的实际所需出发，在人才选择上十分

盲从，存在着“高消费”的嫌疑。一方面，他们过分追求所谓的高学历，一些专科生就能胜任的岗位他们非要选择本科生甚至是硕士生。另一方面，部分用人单位的用人观念十分功利。其希望招聘到一个高校毕业生就应该马上进入岗位并真正发挥作用并创造价值。在这样一种错误用人观念的指导下，用人单位自然对于人才发展潜力的挖掘显得不甚重视。在他们的观念里，大学应届毕业生只学到了书本相关知识，动手能力和实践能力都很弱。因此，在他们的心目中，高校毕业生一直都不能成为“香饽饽”。

5. 高校毕业生的就业观念停滞不前，存在着较大的偏差

在我国传统思想观念中，大学生就是“高人一等的天之骄子”。在很多大学生的心目中，自己的就业就应该光鲜亮丽，不管是工作环境还是工作内容都应该十分令人羡慕。在这种思想的指导下，大学生在就业中对工作的要求较高，对于自己的要求也是过高，“眼高手低”的问题十分突出。在待遇和福利问题上他们也往往有着过高的要求，这些不顾自生条件而盲目制定的要求显然让很多用人单位“不敢接招”，工作选择上“高不成低不就”的问题严重困扰着他们。

二、疫情对大学生就业形势的影响

（一）疫情时期对国际就业形势的冲击

国际劳工组织10月27日发布报告称，2021年新冠肺炎疫情对全球就业造成的影响比预期更严重。报告指出，2021年全球工作时间将比疫前水平（2019年第四季度）减少4.3%，相当于1.25亿个全职工作岗位。受疫情影响，发达国家和发展中国家之间的劳动生产率比值将从17.5∶1扩大到18∶1，创下2005年以来的新纪录。国际劳工组织今年6月曾预测，2021年全球工作时间减少幅度为3.5%，相当于1亿个全职工作岗位。2022年全球失业人数将达到2.05亿，远超2019年的1.87亿。从全球范围来看，全球经济虽然在持续复苏，但是随着疫情卷土重来，复苏势头存在“超乎寻常的”不确定性。国际货币基金组织（IMF）表示，全球经济复苏有坚实基础，但新的病毒变异、通胀和供应链中断构成下行风险。正是基于此理由，IMF将2021年全球经济增长预期从7月的6.0%下调至10月的5.9%。疫情影响带来了供应链的紊乱，更对消费、就业带来冲击。根据中信证券的研究，美国2018—2019年期间非农职位空缺率与雇佣率的平均差值在0.7%左右，而今年以来这一差值的中枢已经上升到1.66%，其中7月和8月的数据更是超过2%，表明当前美国就业市场劳动力短缺问题仍然较为严峻。从

美国非农就业来看，9 月新增非农就业人数仅为 19.4 万人，远不及市场预期，目前美国非农就业人数较疫前（2020 年 2 月份）水平，仍存在 497 万人次的缺口，近 2 个月以来美国就业恢复进展缓慢。欧洲方面同样面临劳动力短缺问题，8 月，英国失业率为 4.5%，高于 2019 年 3.83% 的平均水平；欧盟 27 国失业率为 6.8%，略高于 2019 年 6.7% 的平均水平。日本的就业形势也难言乐观，和新冠肺炎疫情暴发前的前年同期相比，日本全国就业人数减少了 58 万。值得关注的是，10 月 28 日，日本央行将 2021 财年 GDP 预期目标从之前的 3.8% 下调至 3.4%，核心 CPI 从之前的 0.6% 下调至 0.0%。下调 GDP 增速目标无疑给就业增长带来一定压力。

（二）疫情时期对我国就业形势的影响

如图 1-1-1 所示，展示出新冠疫情期间我国城镇就业人数和失业率的变化情况。

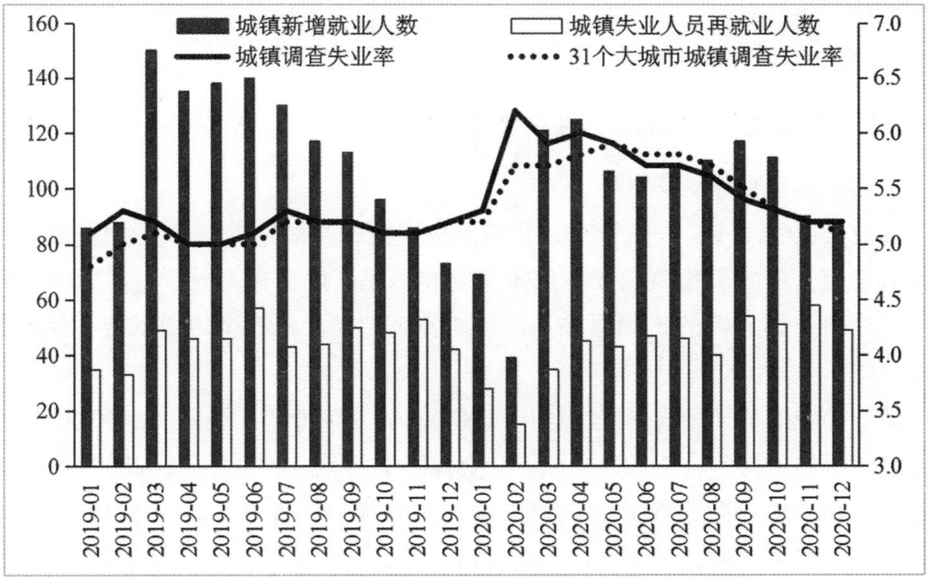

图 1–1–1　新冠疫情期间我国城镇就业人数和失业率的变化情况

1. 城镇失业率大幅上升

2020 年 2 月新冠疫情暴发后，我国城镇调查失业率和 31 个大城市城镇调查失业率出现大幅上升，并且在 2020 年上半年始终处于较高水平。2020 年 2 月至 6 月，我国城镇调查失业率平均为 5.94%，相较 2019 年同期上升了 0.82 个百分点；31 个大城市城镇调查失业率平均为 5.78%，相较 2019 年同期上升了 0.76 个百分点。

2. 城镇新增就业人数及再就业人员明显下降

2020 年 2 月新冠疫情爆发后，我国城镇新增就业人数和城镇失业人员再就业人数均出现明显下降。2020 年 2 月至 6 月，我国城镇新增就业人数为 495 万人，相较 2019 年同期减少 156 万人；城镇失业人员再就业人数为 185 万人，相较 2019 年同期减少 46 万人。

3. 下半年就业情况有所缓和

2020 年下半年我国就业情况开始出现好转。2020 年 7 月至 12 月，我国城镇新增就业人数达到 622 万人，超过了 2019 年同期的 615 万人；城镇失业人员再就业人数达到 298 万人，超过了 2019 年同期的 280 万人。在就业增长的带动下，我国城镇失业率逐步降低并趋于稳定。2020 年 7 月至 12 月，我国城镇调查失业率和 31 个大城市城镇调查失业率分别平均为 5.40% 和 5.43%，与 2019 年同期的 5.18% 和 5.17% 较为接近。

据此，统计表明，2020 年新冠疫情暴发对我国就业情况造成了显著不利的冲击，但其影响在下半年趋于缓解。

（三）后疫情阶段高校大学生的就业形势

1. 就业总体形势逐步向好

就业是民生之本，一直以来，我国坚持实施就业优先战略，始终保持就业形势持续稳定。新冠肺炎疫情发生以来，党和国家高度重视高校毕业生就业工作，在中共中央、国务院的正确领导下，各地各级党委、政府全力稳就业、保就业，就业总体形势逐步向好。

新冠肺炎疫情导致我国经济运行以及各行各业就业用工受阻。2020 年就业开局低迷，形势更为严峻。人力资源和社会保障部的就业数据显示，2020 年一季度全国城镇新增就业同比减少 95 万人，全国城镇调查失业率 5.9%。此后，随着我国全面有效控制疫情，宏观调控推动经济复苏，相关部门超常规应对严峻的就业形势，就业领域逐步呈现积极态势，逐步平稳。人力资源和社会保障部相关就业数据显示，2020 年 9 月，我国城镇调查失业率 5.4%，低于预期控制目标，就业形势稳中向好。

预计在今后一段时间内，我国就业形势将依然保持总体稳定、持续向好。一是随着多个国家多种新冠肺炎疫苗上市及稳定供应，全球疫情将进一步得到有效控制，经济有望加快复苏，国际市场需求有望持续回暖。我国进一步有力统筹疫情防控与经济社会发展，经济社会发展总体态势更加积极，对外贸易更加向好。而推动经济增长一直是解决就业的根本。二是随着新业态异军突起，新就业形态拓宽就业渠道的重要作用越来越凸显。近年来，依托网络数字平台的新就业形态逐渐主流化，新就业形态从业者已经成为我国灵活就业人员的主体，1 亿灵活就业人员中大约有 7800 万新就业形态从业人员。2020 年 5 月，人力资源和社会保障部启动了新就业形态技能提升和就业促进项目试点工作，相信新就业形态必是未来就业趋势。三是随着国家将“稳就业、保就业”摆在更加突出的位置，其政策支撑力度将进一步强化。疫情发生后，相关部门坚决超常规应对新冠肺炎疫情影响，制定出台多项政策文件和配套措施，在升学扩招、公务员和事业单位招录等方面扩容拓岗，针对困难群体实施分类帮扶、精准施策。2020 年我国强调，“扩大消费最根本的是促进就业，要完善职业技术教育体系，实现更加充分更高质量就业”。可见，在“十四五”时期，国家必将进一步建立健全就业优先政策体系，以实现更加充分更高质量就业目标。

2. 就业依然面临十分严峻的挑战

当今世界正经历百年未有之大变局，不确定、不稳定因素增加，在当前和今后一个时期，我国高校毕业生就业依然面临十分严峻的挑战。在宏观上，就业总量压力较大，“招人难”与“就业难”结构性矛盾突出、区域就业不平衡已是共识；在微观上，新冠肺炎疫情、国际贸易摩擦等多种因素也必将继续对我国就业总量及就业结构造成影响。高校毕业生就业问题比以往更加需要关注与重视。

（1）外部环境及疫情的负面影响

外部不稳定因素及疫情的负面影响将持续给就业总量增大压力。在今后一段时间内，全球经济增长仍将放缓、各行业消化疫情带来的冲击仍需一定时间，大型企业用人需求减少和用人标准提高、中小企业生存发展难度加大，使就业难度和失业风险增加，高校毕业生等重点群体就业问题不容忽视。

（2）“双届叠加”的老矛盾或将持续

“双届叠加”的新老矛盾导致高校毕业生就业总量持续增加。据教育部、人力资源和社会保障部有关统计数据，2020 届高校毕业生人数为 874 万人，比前一届增加了 40 万人，而 2021 届高校毕业生人数只增不减，预计将首次突破 900 万人。受疫情影响，2020 届离校未就业高校毕业生将与 2021 届高校毕业生竞争就业岗位，形成叠加效应。同时，升学扩招、疫情导致留学回国毕业生激增，也使高校毕业生就业总量压力持续向后传导。

三、应对高校大学生就业新形势的措施

（一）结合实际，全面调整高校大学生的就业供求关系

诚然我国现如今正处于社会主义市场经济的繁盛时期，但是市场经济也同样需要强有力的宏观调控进行指导和调节。我国的大部分高校仍旧属于公立大学，其不管是在招生数量上还是在专业结构设置上都受到政府的支持与管理。因此，在调整高校毕业生就业供求关系上，政府有着责无旁贷的义务和责任。首先，各个政府部门应该结合当地社会经济发展的实际情况制定出一整套详细且具有操作性的就业规划与指导。通过宏观层面的正确引导，高校毕业生才能在纷繁复杂的就业环境中找准方法，明确定位。其次，政府主管教育的相关部门还需要在招生规模的大小和专业结构设置上多花一些时间和精力。在具体的招生人数和专业设置上因地制宜，以实际情况作为基本出发点，切忌在高等教育发展过程中“盲目跟风”。而是应该细化目标，层层制定详细的步骤和策略，通过一点一滴的进步让高校毕业生就业步入正轨。

（二）因地制宜，全面规范和管理就业市场环境

目前，大学毕业生的就业环境相对比较复杂，不利于大学生和用人单位的双向选择。鉴于此，规范和管理就业市场环境变得迫在眉睫，我国的就业市场一般秉承着社会竞争和双向选择两方面的特征。因此，大学毕业生要想在激烈的市场竞争中脱颖而出，那么稳定且有序的就业环境必不可少。各个政府部门应该结合当地实情为大学毕业生顺利就业做出相应的工作与努力，并在就业供求信息的畅通上狠下功夫，为人才市场提供各项服务。同时，每一个高校也应该在解决大学毕业生就业问题上多尽一些心力。高校在这个领域中可以做的工作有很多，例如完善和规范就业信息网，并在信息网上发布各种及时的政策信息、招聘信息等。此外，当前每一个高校都设立了相应的就业指导中心。而就业指导中心则应该全方位发挥自己的作用，通过举办各种招聘会、推荐会等形式让高校毕业生的就业环境变得优化高效起来。只有内、外部就业环境都达到一个相对稳定且和谐的氛围之后，大学毕业生的就业难问题才能真正得以解决，大学生和用人单位才能真正收获属于自己的成果。

（三）高校顺应就业市场，进行教育改革

高校是大学生学习知识与技能的平台，如果其不能够顺应时代发展及时进行

教学方法与教学策略的更新换代，那么最终培养出来的学生势必是无法胜任社会和时代需求的。因此，对每一个高校来说，进行全面且彻底的教育改革变得迫在眉睫。具体来说，高校教育改革应该坚持以市场所需为导向，全面变革教学内容，将学生的就业能力和实践能力培养摆在一个至关重要的位置上。并在日常教学中融入相关内容与元素，让学生在日常学习中学以致用，掌握相应的社会技能。同时，高校在进行教育改革的过程中还应该与用人单位进行积极有效的沟通，通过用人单位的反馈更好地了解市场所需，这对于其后续教学计划和目标的制定都是有百益而无一害的。换言之，人才的培养必须以市场为目标，只有符合市场需求的高校毕业生才是高素质的毕业生，才是市场接受和欢迎的毕业生。

（四）各院专业积极开展就业指导、提供精准信息

1. 多方面加强高校就业指导教育，为毕业生就业全程做好保障

高校要将就业服务纳入招生、培养、就业的全过程中，建立一支专业的、职业的就业导师队伍，在学生入学之初就教育学生职业生涯规划的概念，在教学中除了讲授理论知识外，还可以邀请校外或企业的专业人士讲授实践经验，同时将就业指导课程贯穿大学全课堂，尤其是思政课堂中，思政课堂可以帮助大学生了解国家大政方针，与就业指导课互相融合，互相补充。另外，高校每年对近几年就业市场提供工作岗位数量、质量等进行分析，为当年毕业生提供详实的就业形势分析报告，使毕业生确立自身未来发展方向和目标有据可凭，高校对历年毕业生就业数据进行跟踪调查，分析利弊，及时对在校生的就业指导和教育进行调整，从而提高毕业生应对就业市场风险的能力，保证毕业生稳定就业。同时，高校要与各专业相关的企业、单位、公司等建立合作机制，为学生创造优质的实践实习岗位和机会，让学生在毕业前就能磨砺过硬的工作技能，提前适应职场工作状态，从而在找工作时目标明确，游刃有余。

2. 建立线上线下立体信息发布平台，为学生提供精准、最新的就业信息

利用微信、微博、网络、院系毕业生群等渠道第一时间为毕业生发布各类招聘信息，尤其是对某些需要笔试的应聘，如公务员考试、招教考试、事业单位考试等，提醒学生提前复习准备，不错过考试时间。有针对性地为学生提供专业相关的或考试相关的集中或单独课程培训，帮助学生提高成绩。同时在线下举办专场招聘会、大型招聘会、就业双选会等，为学生就业提供更多选择。

3. 着力推动创新创业，鼓励和引导基层就业

高校作为社会上最年轻最活跃的社会群体，中央文件有号召，高校回应就有

行动。在“大众创业，万众创新”时代背景下，大学生具有素质高、专业强的天然优势，高校要积极引领大学生创新创业工作，推动大学生自主创业，强化就业创业服务体系建设，支持帮助毕业生迈好走向社会的第一步。高校要创新教育模式，强化师资力量，营造良好的创新创业氛围。针对学生创业缺资金、缺场地、缺机会、缺指导的情况，通过自设专项基金、筹措校外资金、助贷银行资金、吸引风险投资等方式解决资金问题，通过建设众创空间、电商孵化园、校内外实践基地等方式解决场地问题，通过引进校外创业导师、提供相关企业实习机会、举办创新创业大赛等形式解决经验欠缺问题，切实帮助大学生自主创业和扶持创业项目走向正轨、稳健运行，从而提高大学生就业率和就业质量。基层工作地是高校毕业生发挥用武之地的重要舞台，在国家“西部大开发”“中部崛起”“一带一路”等的引领下，高校要积极鼓励毕业生到基层工作。高校尤其是公办高校要时刻把国家利益放在第一位，在工作中强化国家意识，体现国家意志。因此，我们要唱响基层主旋律，鼓励学生到西部、到基层、到边远地区、到艰苦地区、到祖国最需要的地方去建功立业、报效祖国。例如国家实施的“国家特岗教师”“三支一扶”“大学生村官”等基层项目，高校要积极宣传、大力倡导，鼓励毕业生参与其中。

4. 热情帮扶，实施就业援助

主动关注少数民族、家庭困难、残疾及未就业毕业生的就业情况，鼓励他们积极参加社会实践，锻炼自己的工作能力，并及时发布适合他们的招聘信息，为就业有困难的人群提供量身打造的就业服务，保证他们顺利就业。

（五）发挥家庭的引导作用、支持大学生职业发展

大学生就业要综合考虑各方面的因素，家长不宜将自己的主观意愿强加到大学生身上，而应该根据大学生的兴趣、意愿提出合理的建议。大部分毕业生希望到一线城市或东南沿海等薪酬水平较高的地方工作，毕业生家庭要引导学生毕业后到二三线城市就业、扎根、生活，这些地方往往能为其提供福利更好，相对稳定的工作岗位，而非扎堆北上广深等一线城市或省会大城市寻求就业机会。

（六）提高大学生自身本领、树立正确就业观

大学生在校期间，不仅要学习扎实的专业知识，还要进行深入的职业生涯规划，对自身职业发展方向有准确把握，同时积极参与社会实践和岗位实习，从内在和外在共同提升自身的就业技能。研究表明，当代大学生就业必需的几种基本能力是自主学习能力、创新能力、团队协作精神、人际交往能力、适应社会能力、

组织管理能力、表达能力等，而这些能力的欠缺是大学生就业困难的重要原因。因此大学生在平时的学习生活中要多参与社团活动、集体活动，培养健康的兴趣爱好，在与他人交往的过程中不断提高自己的社会软能力，从而增加自身求职就业时的筹码。另外，大学生在找工作时要善于运用“反木桶原理”，不仅要强化“木桶原理”中自身的能力短板，更要突破传统思维定式，打造自身的亮点和特色。这就要求大学生在平时锻炼自身技能时，要着重加强某一项的训练，或着重自己在某方面特长的培养，让自身在求职就业时有一两项别人不具备的素质，从而出奇制胜。大学生作为社会上的高素质人群，要积极响应国家政策的号召，挖掘自身的创新创业能力，主动参与到自主创业中去，在时代的浪潮中勇立潮头，争取自己的一席之地。同时，大学生作为国家培养的专业人才，要勇于投身到基层工作、西北边远地区、贫困地区等国家最需要的地方去，发挥自己的专业才能和聪明才智，为祖国的前进、为社会主义现代化建设、为中华民族的伟大复兴贡献自己的力量。

另外，高校大学生就业难问题的出现很大一部分原因来自大学生自己。在他们的观念中，自己寒窗苦读十几年书，最终如果不能找到一个很好的工作，那么不管是对于家庭还是对于自己来说都是极其不划算的。因此，在缓解大学生就业难问题上，大学生自身思想的调整至关重要。第一，大学毕业生应该接受“现实与理想”之间的差别。大学生刚刚毕业，既没有实践经验，也没有社会阅历，在就业市场上“不吃香”是肯定的。此时的大学生切勿心灰意冷或者是眼高手低，而是应该认清现实，找准差距，先就业再择业也不失为一条很好的“曲线救国”之路。第二，毕业生要避开激烈的就业竞争，选择基础就业。很多高校毕业生的第一就业选择大都是考取公务员、进入跨国大企业等。但是严峻的就业局面使得这些想法变得很不现实。大城市社会经济发达，对于人才的吸引力自然很大，久而久之不管是在人才饱和量上还是在人才供需上都趋于饱和。所以，大学毕业生可以转化一下思路，将自己的就业蓝图绘制在广阔的西部基层地区。如此一来，大学毕业生既能避开激烈的就业竞争，又能在火热的基层锻炼和磨砺自己，在基层发光发热也不失为实现人生理想的一大有力途径。

（七）后疫情阶段就业形势下大学生就业对策

1. 整合社会招聘信息，为高校大学生精准推送

为了更好帮助毕业生就业，各高校都采取了有效的措施。有高校将搜集好的相关政策文件整合到易班，用更加生动活泼的形式推送给大学生，使其更容易接

受，对政策的理解更透彻；在易班平台上设立“招聘信息专栏”，对海量的招聘信息进行筛选分类，大学生可通过设置检索条件搜索自己感兴趣以及符合自己定位的招聘信息，招聘信息可通过易班公共群精确推送到每一位同学。高校应建立大学生就业数据中心，通过比较不同专业不同特点学生就业数据，总结分析就业数据背后的规律，同时对海量的就业招聘信息进行筛选分类，针对不同专业大学生精准推送，提升大学生与应聘单位的适配程度，提高大学生应聘成功率，帮助大学生更快更准确地找到理想的工作。

2. 建立健全制度体系，化解高校大学生“供需错位”矛盾

我国已经建立了较为完整的就业制度体系，但面对前所未有的新形势，现行制度体系也面临一些新情况、新问题。为化解高校大学生就业“供需错位”结构性矛盾，建立健全制度体系是关键。

一是健全以市场需求为导向的人才培养结构调整机制，完善教育和人才培养培训体系，优化劳动力供给结构，提升劳动力供给质量。厘清产业结构调整、就业市场需求与高校专业优化设置的关系，引导高校根据市场需求优化专业设置，构建与经济高质量发展和产业转型升级相匹配的学科专业体系，逐步改变人才培养结构调整滞后于就业市场需求的现状。

二是建立全国统筹的就业平台。建立跨省劳动力就业信息和就业数据共享平台，加强全国范围内就业供给与需求分析和预测，提供分区域、分层次、分行业的就业供需清单，畅通岗位需求信息与就业求职信息的对接通道，打破岗位需求与就业求职信息孤岛，有效解决供需信息不畅、区域就业不平衡等问题。

三是健全大学生公平就业的监督机制。在现有机构设置基础上，搭建统一的监督反馈平台或设立专门的监督部门对高校大学生公平就业进行管理、监督和促进，有效抑制随意抬高用人标准的趋势和性别、学历歧视等就业不公平现象。

3. 加强就业指导教育，引导高校大学生树立科学的就业观

破解高校大学生就业难题的关键在于高校大学生自己，其中，树立科学的就业观则是重中之重。树立科学的就业观需要一个过程，更需要政府、高校等多方形成合力，才能实现。

一是政府要进一步加强就业指导服务。一方面，多措并举加大就业方针政策的宣传力度，帮助高校大学生多渠道了解国家就业优先战略和就业社会环境。继续倡导劳动光荣理念，营造全社会尊重劳动、尊重各类岗位的社会环境，提高全社会对高校大学生就业创业的包容度，消除“大学生就业难”的社会焦虑现象。另一方面，扎实做好就业指导服务工作，认真研究新形势下的高校大学生就业观

念，及时调整就业指导服务政策与工作方式，树立高校大学生就业先进典型，用榜样力量帮助高校大学生树立科学的就业观。

二是高校要进一步加强就业指导教育。建立健全常态化的就业指导教育体系，进一步优化就业指导、职业生涯规划等课程，持续加强形势教育、思想政治教育、就业指导教育师资队伍建设等。

三是媒体、非营利性社会组织等社会力量要进一步关注高校大学生就业问题，在舆论导向、教育培训等方面发挥纽带作用，引导大学生主动了解就业环境与政策信息，帮助他们摆脱传统就业观的束缚。

4. 强化就业联动机制，进一步提高就业工作效率与质量

面对前所未有的高校大学生就业形势，涉及就业工作的相关部门仍需强化就业联动机制，推动形成工作合力，进一步提高就业工作效率与质量。

一是加强统筹协调与资源整合。理顺高校大学生就业工作体制机制，教育、人力资源和社会保障等部门切实加强统筹协调，强化就业服务队伍建设，有效整合就业资金等资源，提高就业服务专业水平。

二是加强就业政策落实落地的监管力度。建立定期巡查督查和常态化通报制度，针对就业政策落实落地的“痛点”“难点”持续督查督办，对落实不到位、整改不到位的予以通报追责，确保各项政策落地见效。

三是加强就业统计监测。充分发挥5G信息化技术优势，加大就业信息化建设力度，围绕高校大学生就业工作目标，构建国家层面的统计监测体系，建立全区域多层次、纵横交错、整合一致的工作体系，避免统计监测组织实施工作的碎片化。同时，探索建立适应数字经济时代的新就业形态统计监测指标，加强数据比对分析，为实施精准服务、提高工作效率与质量提供有力支撑。

5. 完善就业政策法规，构建新就业形态发展新格局

新就业形态对未来就业的贡献是可以预见的。为构建新就业形态发展新格局，大力支持新就业形态发展，最重要的是尽快完善相关的法律法规、完善就业政策体系、积极培育有利于新就业形态发展的社会环境等。

一是尽快完善相关法律法规。在“十四五”时期，应从改革和完善劳动力市场制度体系的角度着手，建立分类调整的劳动标准，针对不同就业类型设立不同的劳动标准，尽快完善非标准劳动关系的劳动标准。

二是完善适应新就业形态特点的用工和社会保障体系。现行社会保障体系，特别是在社会保险制度设计方面，对非正规就业人员的劳动权益没有进行很好的保护，应探索建立一套适应灵活就业和新就业形态的社会保障政策，采取有效措

施提高新就业形态从业人员的参保意愿，规范互联网各类平台用工的“责权利”，提高社会保险经办服务水平，适当降低新业态社会保险费率。

三是加强“新经济、新业态、新就业”等新理念的正面宣传，充分引导高校大学生通过互联网途径求职创业，充分引导社会各界加强对新就业形态的全方位研究，营造全社会支持新就业形态的良好环境。

四、新时期高校大学生就业新政策

（一）新时期国家稳就业新政策现状

1. 提升第三产业就业比重，维持就业结构的稳定性

尽管突发新冠疫情对经济发展、企业经营、居民就业均产生较大影响，但在国务院、国家发展改革委、人力资源和社会保障部以及教育部等多部门稳就业政策的协同作用下，我国劳动力市场的就业压力逐渐缓解，实现稳岗、增岗，就业结构继续保持稳定，稳就业政策措施取得良好的调控效果。主要得益于两方面的政策：一方面，我国政府根据新冠疫情形势变化精准施策，在疫情不同阶段制定的差异化政策体系，在新冠疫情暴发阶段有效遏制疫情的快速传播，在常态化防控阶段降低了疫情反弹的风险，为第三产业从暂时性的营业中断到逐步复产复工提供政策保障，提升了第三产业的就业比重，维持了既有就业结构的稳定性。另一方面，新冠疫情的传播虽然破坏了人员聚集性行业的线下业务，但加速了数字经济时代线上业务的迅速发展。在疫情初期，政府机构和学校利用“钉钉”“雨课堂”等共享平台在线办公和网络教育；居家隔离人员通过“抖音”“起点”等新媒体进行直播带货等新就业模式；餐饮企业通过自建网站进行无接触餐饮服务，克服了疫情防控对人员流动性的限制，缓解了传统就业市场的压力。

随着新冠疫情逐步得到有效控制，我国疫情防控进入内防反弹、外防输入的后疫情时代。但疫情也悄然改变着社会就业模式，线上新业态、平台型经济依然火热，为居民就业形势选择提供了新的渠道，吸引和解决了部分人群的就业问题，同时也促进线上新业态的发展。传统线下业态和实体经济复工复产有效推进，逐步恢复正常经营。中高风险地区的第三产业依然沿用新冠疫情爆发初期的经营方式，低风险地区的第三产业走入正轨，恢复了线下办公和经营模式，部分先驱型企业使用线上线下混合经营模式，既满足了不同客户需求，也开拓了新的利润增长点。

2. 缓解高校毕业生供需矛盾，拓展高校毕业生就业渠道

为了缓解新冠疫情对高校毕业生就业的冲击，我国政府陆续出台《关于应对新冠肺炎疫情影响做好事业单位公开招聘高校毕业生工作的通知》（人社厅发〔2020〕27号）、《关于应对新冠肺炎疫情影响强化稳就业举措的实施意见》（国办发〔2020〕6号）等优惠政策，从企业招聘需求增长、事业单位空缺岗位专项招聘、高等学校招生规模扩大等方面拓展就业渠道，有效调控高校毕业生的供需矛盾，维持高校毕业生就业市场的稳定。

首先，优惠政策鼓励企业增加招聘需求，扩大企业吸纳高校毕业生的就业规模。根据"智联招聘"和中国人民大学中国就业研究所联合发布的《2020年应届生就业市场景气报告》，2020年第三季度和第四季度，高校毕业生的就业景气指数由第二季度的0.95上升为1.38和2.26（图1-1-2），企业对应届高校毕业生的招聘需求增长3%，高校毕业生投递比例下降37%，因新冠疫情产生的摩擦性失业和结构性失业风险降低，高校毕业生的就业矛盾逐步缓解。

知识经济时代，尤其是随着我国高等教育普及化、大众化的情况下，生源数量急速增长，在当前的市场经济条件下，大学生面临着更为严峻的就业竞争形势。据相关统计报告显示，2020届高校毕业生达到了40.9万人，比去年增加了3.7万人，创下了历史新高，同时受新冠肺炎疫情等多重因素的叠加影响，大学生的就业压力加大。大学生就业作为一项重大民生工程，得到了国家及政府的高度重视。中共中央发布了《关于进一步引导和鼓励高校毕业生到基层工作的意见》。在此政策的指导下，河北省各部门亦是积极响应，竭力做好系列保障工作，人力资源和社会保障厅制订了《创业就业三年行动计划》等。在对前期有效经验的探寻下，为了进一步解决大学生就业难问题，河北省立足2020年高校毕业生就业工作实际，专门出台了《关于促进2020届河北省高校毕业生就业创业的若干政策措施》，从扩大就业规模、增加就业岗位等不同角度切入，包括千方百计拓宽高校毕业生就业升学渠道、引导高校毕业生服务基层、鼓励各地增加岗位设置吸纳高校毕业生就业、开展专项扩招和入伍征集、鼓励创业带动就业、持续做好高校毕业生就业指导与服务工作等项目内容，得到了社会各界的广泛关注。

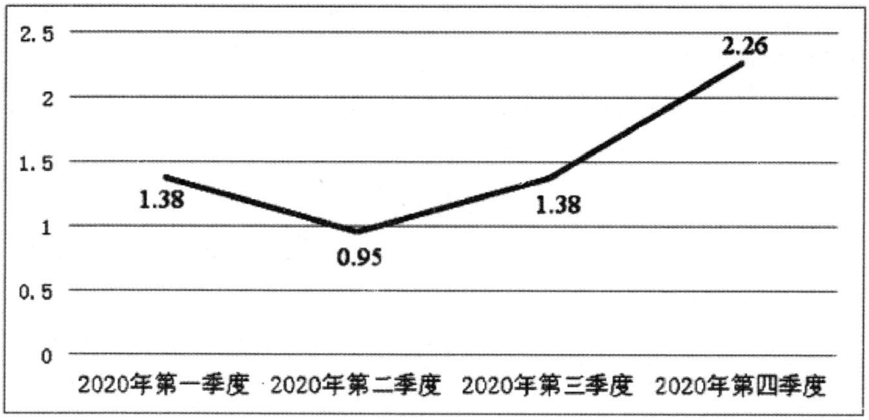

图 1-1-2　中国高校应届毕业生就业市场景气指数演化趋势

其次，政府释放机关与事业单位空缺岗位，扩大高校毕业生基层就业规模。为了克服疫情对高校毕业生就业的影响同时吸纳优秀高校毕业生建功立业，我国政府将 2020 年、2021 年的事业单位空缺岗位用于专项招聘高校毕业生。按照 2019 年事业单位招聘规模测算，预计吸纳 44 万名高校毕业生就业。同时，政府扩大“三支一扶”计划等基层服务招募规模，鼓励和引导高校毕业生前往边远艰苦地区事业单位就业，实现就业岗位规模拓展和人力资源空间布局优化的双重目标。

最后，高等学校扩大招生名额，缓解劳动力市场短期供给过大的压力。根据教育部数据，2020 年扩大硕士研究生招生规模 18.9 万人，扩大普通高校专升本招生规模 32.2 万人，占 2020 年毕业生就业总数的 5.8%。同时，教育部引导高等学校开发科研助理岗位，为高校毕业生创造新就业机会，既缓解了 874 万高校毕业生同时涌入劳动力市场的供给压力，也吸纳了优秀的高校毕业生进入高等学校就业，以延缓其进入劳动力市场的时间，取得了良好的就业调控效果。

3. 稳定了农民工就业结构，促进中西部地区

吸纳农民工就业为减轻新冠疫情对农民工外出就业造成的压力，我国政府及时出台《关于进一步做好春节后农民工返城服务保障工作的通知》（国农工办发〔2020〕1 号）、《扩大返乡留乡农民工就地就近就业规模实施方案》（农办产〔2020〕2 号）、《关于做好新型冠状病毒感染肺炎疫情防控期间稳定劳动关系支持企业复工复产的意见》（人社部发〔2020〕8 号）等一系列优惠政策，减轻疫情防控期间农民工外出就业的障碍，稳定疫情期间农民工的劳动关系，引导农民工安全有序转移就业。

（二）河北省新时期大学生就业新政策解读

知识经济时代，尤其是随着我国高等教育普及化、大众化的情况下，生源数量急速增长，在当前的市场经济条件下，大学生面临着更为严峻的就业竞争形势。据相关统计报告显示，2020 届高校毕业生达到了 40.9 万人，比去年增加了 3.7 万人，创下了历史新高，同时受新冠肺炎疫情等多重因素的叠加影响，大学生的就业压力加大。大学生就业作为一项重大民生工程，得到了国家及政府的高度重视。中共中央发布了《关于进一步引导和鼓励高校毕业生到基层工作的意见》。在此政策的指导下，河北省各部门亦是积极响应，竭力做好系列保障工作，人力资源和社会保障厅制订了《创业就业三年行动计划》等。在对前期有效经验的探寻下，为了进一步解决大学生就业难问题，河北省立足 2020 年高校毕业生就业工作实际，专门出台了《关于促进 2020 届河北省高校毕业生就业创业的若干政策措施》，从扩大就业规模、增加就业岗位等不同角度切入，包括千方百计拓宽高校毕业生就业升学渠道、引导高校毕业生服务基层、鼓励各地增加岗位设置吸纳高校毕业生就业、开展专项扩招和入伍征集、鼓励创业带动就业、持续做好高校毕业生就业指导与服务工作等项目内容，得到了社会各界的广泛关注。

（三）高校和大学生应对就业政策的执行策略

1. 高校创新培养模式

“双一流”建设背景下，高校亦需采取主动出击的姿态，重构办学模式。提高大学生对现代激烈就业市场竞争的适应能力，全面提高他们的综合素质，是解决大学生就业困难的根本选择。在具体的践行过程中，高校要从以下两方面着手：

一方面，要深入对大学生就业政策的研究，立足实际，积极转变办学定位、改善办学条件，始终坚持以经济市场需求为导向，适度调整学科结构，创新人才培养模式，竭力提升大学生的就业能力素养。例如，依托产学研一体化政策背景，深入校企合作内涵式建设，精准掌握各类行业岗位需求动向，携手开发校本课程，延展学生的知识范畴，帮助其建立科学的职业发展规划。

另一方面，要积极开发“第二课堂阵地”，组织学生深入企业岗位实践，通过真实的职业场景活动，引导学生查找自身不足，激励他们自我管理、自我教育和自我提升，提高其综合素质水平，为成功择业就业铺筑基础。除此之外，认真落实导师结对帮扶制度，深刻意识到师资人才的战略定位，善于从行业企业吸收更多的智力资源保障，与既有教育工作队伍形成互补优势，输出更高质量的就业指导服务。

2. 大学生扭转思维格局

大学生首先作为人，是自然的人、独特的人，其主观思维意识的转变，对推动大学生就业政策执行至关重要。要解决大学生就业困难问题，必须要尊重大学生的主体地位，充分发挥他们的主观能动性，引导其从实际情况出发正确认识和评价自我，继而根据自己的兴趣、特质、能力、素质等找准定位，做好科学的职业生涯规划，最终借力大学生就业政策支持，实现职业目标、价值追求。在此过程中，学校、家庭及用人单位亦需耐心对大学生提供指导和帮助。根据最新大学生就业政策，继续实施“三支一扶”“特岗教师”“西部计划”等国家基层服务项目，积极协调国家部委争取扩大招募规模，并鼓励大学生回原籍本村任职，从事基层党建、服务管理、村务监督、发展集体经济等工作，要求落实国家和省公费师范生全部入岗入编政策。在这个物欲横流的时代，面对互联网生成的多元文化生态冲击，当代大学生的价值观出现了偏离，向往城市繁华、畏惧边远困苦，是造成其就业困难的重要原因之一。因此，高校应进一步加强对大学生的思想政治教育工作，大力弘扬社会主义核心价值观，积极应对不良思潮的侵袭，帮助学生树立正确的人生观、价值观、择业观体系，并联合家庭，树立起正确的职业追求，充分依托良好的就业政策平台，找到自己未来的发展方向，实现就业。

3. 畅通就业服务通道

持续做好高校毕业生就业指导与服务工作，是大学生就业政策的基本要求，引导着高校未来的工作方向。从某种角度上讲，大学生成功就业，不单是其个人价值实现的重要通道，还是提升高校品牌形象的有效路径，对增强企业的核心竞争力亦有显著作用。根据最新大学生就业政策指引，高校要开展全天候不间断的校园招聘活动，具体项目内容包括全面开通高校网上招聘通道、建立信息联动共享机制、加强网上面试辅导等。高校必须深刻意识到“互联网+”教育发展的必然趋势，结合自身实际情况，合理定位未来走向，统筹好各项建设规划，逐步加大在信息化领域的投入，导入先进科技装备应用，改善职业指导条件，帮助大学生更为精准地把握经济市场需求走向，主动投身基层服务建设。高校还要加强与各类企业单位的联系，打造高校就业服务与相关部门招聘一体化平台，积极引入行业企业方面的智力及其他丰富资源，适时组织分层次、分类别、分行业的校园招聘活动，减少大学生就业中的阻碍，并注重维护好大学生的合法权益，增强他们的就业热情及信心。高校还必须坚持人本主义关怀，加大就业援助服务力度，为贫困家庭、零就业家庭、身体残疾等困难大学生建档立卡，认真落实“精准扶贫”工作，帮助其申请各类符合条件的优惠、补助政策，由此来帮助大学生解除后顾之忧，使其能够摆脱现实困境的束缚，以自由、开放的心态去选择适合自己的工作。如此，在大数据、互联网等先进科技的支持下，大学生就业政策执行效果将会得到进一步提升。

第二节　大学生就业方式与就业市场分析

一、高校大学生就业价值观的时代变迁

（一）大学生就业价值观变化的历史进程

1. 政治型：1978 年至 20 世纪 80 年代中期

改革开放初期，由于受计划经济制度的影响，毕业生在就业选择上具有政治性特点，宁愿选择薪资较低的国有企业，也不愿选择风险大、薪资较高的私企。在计划经济时代，人们生活在统一生产、统一分配、有计划购买的环境下，比如粮食、布匹要凭票购买，在这样的生活环境中，毕业生在就业选择上更关注社会的发展趋势，具有强烈的服从分配、到需要建设的地方去的愿望。1978 年我国进入改革开放的初期，大学生是社会的精英，有责任投身到社会主义建设中，毕业生以在奉献中实现自身价值为荣，重视工作身份的社会名誉，在就业方面倾向于有地位、有规模、有社会价值的企业，其就业取向具有明显的时代特征。

2. 经济型：20 世纪 80 年代中期至 90 年代末

这一阶段，改革的重点逐渐从农村向城市转移，从最初的经济和政治领域的改革开始向教育与科技领域拓展，意味着对人才的需求产生了新的变化。进入新的发展阶段后，大学生的思想意识逐渐转变，跟随市场经济的步伐开始转变就业思路，在就业选择上有许多的大学生把经济收入放在首位，然后是兴趣爱好、发展前景等因素。

3. 自主型：20 世纪 90 年代末至今

近些年，我国的综合国力不断提高，青年人的自主意识逐渐增强，在就业方面有了更大的选择权，关注职业的发展前景以及对社会的价值、自身价值的实现，毕业生在就业选择上寻求主动的自我突破，许多毕业生选择用自主择业或自主创业的方式融入社会。价值观变迁的现象与当前的社会环境、科技水平、普通大众的思想意识等存在着诸多联系，这与改革开放初期的分配工作、当代的大学生面

临竞争压力、大学教育从早期的精英教育转变为大众教育有关，高校在为各行各业输送人才的同时，也使毕业生在激烈的竞争中不得不主动寻求突破，跳出大学的舒适圈，勇敢地进行自我磨炼。新世纪的大学生拥有开阔的眼界，接受过高等教育，大学生们亲眼见证了国家综合国力的提高，人类科技水平的进步，深深感受到只有不断创新、敢于实践才能提高自身价值，同时也认识到个体与国家命运的紧密联系，产生强烈的奉献社会，实现个人价值的愿望。

（二）影响大学生就业价值观变化的因素

1. 社会环境因素

随着网络的普及和市场经济的发展，使毕业生的就业选择空间更加广阔。首先，从就业地域来说，毕业生的就业选择空间明显扩大，改革开放以来，我国交通运输能力和城市建设速度不断提高，毕业生的就业选择不再局限于家乡和毕业城市，毕业生可以根据自身的需求选择到不同的地区就业。其次，借助于互联网技术的蓬勃发展，学生可以借助网络了解世界各地的信息，扩大就业选择范围。最后，高校开设的课程与时俱进，就业指导紧跟时代发展，让当代毕业生对就业有更理性的分析。改革开放初期的大学生是服从分配的额，很少从个人的角度出发来规划人生，随着时代的变迁，学生要不断适应快速发展的社会，被动就意味着被淘汰。

2. 家庭环境因素

对初入社会的大学生而言，家庭的意见对其就业选择具有重要的影响。许多学生是家中的独生子女，承载着整个家庭的希望，因此，在就业选择方面会尊重父母的意见，家长的观念对子女就业选择有重要影响。一些家庭保持传统观念，期望子女选择稳定有社会地位的工作，也有部分家庭将收入情况看作择业时的重要考量内容，期望子女从事互联网等新兴行业，选择收入高、有前景的工作。影响家庭观念的因素有很多，其中市场经济的发展是重要因素之一，新媒体时代的到来，人们接触信息的途径更丰富，关注的内容也更加多样，对许多社会中的矛盾、利益问题有较高的关注度，这些关注不可避免地会影响家庭观念的变迁。

3. 学生个人因素

主观想法是影响学生就业价值观变迁的重要因素。大学生尚未走出校园，存在缺乏社会实践、思想意识混乱的问题，在就业选择上存在茫然、缺乏方向的普遍问题。正因为是以感性色彩认识世界，导致大学生缺乏参加工作、接受社会磨炼的心理准备，部分学生长期依赖家庭，很难在就业上做出自主、理性的选择。

二、高校大学生常见的就业方式

在新形势下，目前高校大学生毕业后就业的常见的方式有三种，分别为：社会就业求职、报考公务员和自主创业。

（一）就业求职

就业求职是大部分毕业生的就业走向，也是涵盖范围最广的就业形式，总的说来，主要是应聘到公司、企业、医院、中小学、科研院所、大中专院校等。在就业求职过程中就要对职业、待遇、地区等因素综合考虑，以其中的一个或两个为主要点，而不要（也难以）面面俱到，择业期望值应适中，拓宽就业领域，实事求是地认识自己，更多从自身实际和发展空间考虑，学会权衡，勇于放弃，为满足主要标准要勇于放弃一些次要标准。作为刚踏出校门的毕业生，就业的一个重 要标准是凡事有弹性，追求均值最大化，达到能够锻炼自己，对后继发展有裨益即可。

（二）报考公务员

国家公务员是代表国家从事社会公共事务管理、行使国家行政权力、履行国家公务的工作人员。目前，每年中央、国家机关以及中央国家行政机关派驻机构和垂直管理系统从应届高校毕业生中录用一定数量的毕业生，各省（直辖市、自治区）、（设区）市、县（区、市）乡镇也分别招收一定数量的公务员，在一定程度上减轻了应届大学毕业生的就业压力，至此公务员考试录用已成为应届毕业生就业的一条重要渠道。从整体上讲，公务员职业具有稳定性、低风险性、社会地位较高、薪水持续提高等特征。如果你性格适合公务员这一职业，并有志于担任公务员，那么选择报考公务员是条较好的出路。

（三）自主创业

大学生除了以上的两种就业方式以外，还可以尝试自主创业，大学生是当代青年人中掌握科学文化知识较高的群体，他们拥有创新精神和创业潜质，大学生毕业后很多走上了自主创业的道路，同时收到创业成功的名人效应的影响，自主创业的热情高涨，成为很多大学生毕业的首选就业途径，因此，大学生不能只是被动地求职，更应该变被动为主动，结合自身的专业知识和能力，组织团队进行创业。大学生是现代化社会建设发展的主要力量，自身素质的高低也成为影响国家创新程度的重要方面。

三、影响高校大学生就业方式选择的因素

（一）经济新常态对大学生就业方式的影响

随着经济新常态的到来，我国的产业发展逐渐扩大到第三产业，由科学技术型向知识信息型产业转变，产业结构的转变则对人才的需求提出了更高的要求，对大学生的要求不再是可以做什么，而是提出了应该做什么、如何创造经济价值、实现工作效率最大化的新要求。在这种新常态下，用人单位对大学生的筛选要求更高，更倾向于选择中高端素质的大学生。其要求大学生具备专业能力与工作能力，在众多毕业生中凸显绝对的竞争优势。经济新常态给大学生带来了很大的就业压力，在满足相关条件下，大学生之间的竞争压力日益增大，大学生的就业心态也随之发生了变化。

随着经济新常态的发展，对我国的就业环境产生了相应的影响，大学生的就业形势也随之产生变化。企业用人需求扩大，但增长速度变慢。随着产业的转型，岗位的专业水平得到提升，智能科技逐步代替传统的劳动力，用人需求的总量相对减少，如食品加工、纺织行业等以前需要劳动力的行业引进新型设备，设立了机器设备流水线作业，所需的劳动力总量呈下降趋势，使各企业的用人需求增长趋势逐渐减弱。

如何确保及时就业，使就业与期望就业一致，是当代大学生就业的难题。随着企业的转型，一些企业对大学生工作素养与阅历都提出了要求，使部分大学生感受到了来自就业问题的危机感，就业心态紧迫，受到的就业压力更大。

（二）产业结构调整对大学生就业方式的影响

产业结构调整分为以下三方面：战略性新兴产业提高就业质量、互联网模式为大学生提供多种就业方式、制造业对技能型人才的需求加大。

1. 战略性新兴产业提高就业质量

战略性新兴产业对就业大学生的专业能力、综合素质要求较高，要求大学生做好就业准备时，必须具备市场洞察力、专业能力等。高校大学生还需要对市场发展具有灵敏度，专业技能、市场洞察力是考量大学生能力的基础。另外，战略性新兴产业使大学生就业环境发生了改变。高校大学生的就业选择知识型产业增加，而在新兴产业的薪资待遇明显高于传统产业。大学生作为社会的高素质人才，在新兴产业中，高端岗位的机会更高。可见，战略性新兴产业对提升大学生就业质量有着推动作用。

2. 互联网模式为大学生提供多种就业方式

通过网上应聘、网上投简历等方式与用人单位在互联网上进行交流，节省了大量的时间，增加了很多应聘的机会，改善了大学生的就业方式。举办线上交流大会，为大学生就业创造了多种交流方式，使大学生就业咨询更加方便，提高了大学生就业服务的水平。

3. 制造业对技能型人才需求旺盛

随着产业的转型与升级，我国的制造业逐步进入了以技术为主导的发展阶段，技术制造业的从业人数显著增加。其中，汽车制造业、计算机制造业等一线岗位，对应聘大学生要求必须具备一定的电子系统操作能力，或是具备专业知识，能快速熟悉岗位并对设备进行操作，这种情况下，技能型人才的就业率明显提高，高技能人才相对短缺。

四、新时期高校大学生就业的多元化发展

（一）新时期大学生就业多元化选择的现状

近些年我国毕业大学生的数量逐年增加，导致整个就业市场的竞争压力增加，就业的稳定性较差，就业专业上也存在着较大的矛盾，就业形势愈发激烈。大学生在寻找工作期间所消耗的时间、金钱等也逐渐增加。高校大学生的就业困难受到了社会各界的广泛关注，同样也对高校的可持续发展造成了不小的挑战。

大学生的就业心态十分复杂，因此导致了大学生的就业选择更加多元化。例如心态稳定、有从众心理的大学生在选择就业时也会选择较为稳定的工作。若是没有外界因素的影响下，大学生则会根据自身的兴趣喜好、专业来选择适合自己的职业。当代大学生的个性独特，对于就业有着自己的选择方向，因此形成了当前大学生多元化就业选择的现象。

（二）新时期大学生的“慢就业”现象

1. 高校大学生“慢就业”现象的表现

（1）追求完美生活

部分学生因家庭经济条件较好，没有生活忧患意识，大学毕业后不需要尽快进入工作状态来补贴家庭需求。找工作要满足自己的理想和需求。

（2）做自己的老板

由于国内经济形式较好，家庭生活富足。在“大众创业，万众创新”的感召下，

部分大学毕业生暂时不选择就业而是观望、等待，然后准备投身到创业大军当中。

（3）跟随时代潮流

随着“互联网 +”成为社会主流，多种新业态行业应运而生。毕业生不再追求朝九晚五的稳定工作，而是希望可以自由自在、随心所欲地去工作。传统就业岗位不能满足目前大学生这种需求。导致就业岗位无人应聘毕业生有岗不就的尴尬局面。

（4）缺少核心竞争力

有些毕业生则是工作、学习技能不足，心理承受能力较弱，没能把握求职机会，最终不能胜任相应岗位遗憾变成“慢就业”者。

2. 高校毕业生“慢就业”现象的原因分析

（1）受社会发展影响

由于我国社会经济的发展较快，产生了一系列新兴行业。例如网络主播，电商代购等等。由于新兴业态的工作模式更加自由灵活，同时收入回报率高，导致部分学生趋之向往。

（2）受家庭经济影响

当经济发展到一定阶段，部分家庭条件优越性便凸显出来，家庭不急需毕业生为家庭分担经济压力，同时还能为毕业生提供相应的经济援助。促使毕业生在选择工作岗位时不再盲从而是要必须符合自己需求才去工作。家庭的经济支持也是导致大部分毕业生“慢就业”的主要原因。

（3）受就业观念影响

95 后的毕业生强调个性独立，自我价值体现，他们更愿意去从事自己喜欢的工作而不是非要和专业匹配或是家长认为好的工作。他们的就业观念从原来的“先就业再择业”，转变成为“要就业就好业”。

（4）受就业形势影响

由于我国高校毕业生就业人数屡创新高，2021 年毕业生人数达到 909 万人，同时受新冠疫情影响全球范围内经济大幅下滑，国内就业岗位减少明显。在这种双重挤压下，大学生就业变得尤其困难。尤其是部分毕业生没有明确的职业规划、专业知识和应用技能又不出色，同时把握就业机会的能力相对较弱，最终错过了最佳就业时期，只能加入“慢就业”求职的队伍中，慢慢寻找合适的企业。

3. 高校毕业生“慢就业”现象的对策

大学生“慢就业”现象虽然普遍存在，但好在人数还是相对较少。通过政策指引、就业帮扶和个人调整等方法，这部分同学还是会积极投身就业大潮之中。

（1）个人树立正确求职观念

大学生要能够准确分析、了解自己，树立正确就业观念。不能只想去大城市，挣大钱，做大事。而是应该脚踏实地，从基层做起，针对个人特点和学习专长到适合自己的工作岗位去锻炼、去提升。大学毕业生要有明确的职业生涯规划，不能随心所欲，只有提前准备才能在机会来临时把握住机会，让自己获得满意工作。

（2）学校不断加强就业指导

大学生就业不应该局限于哪一个年级，而是应该贯穿整个大学生涯。高校应该建立完整的大学生就业课程体系和就业帮扶体系，确实解决毕业生在就业过程中遇到的实际问题。确保毕业生能够认清现实与社会的关系，能够用积极的心态去面对求职。

（3）社会不断优化就业环境

国家对毕业生就业工作高度重视，多次在政府工作报告中提及大学生就业。各地要尽快完成经济结构和产业结构的双重调整，挖掘出更多适合大学生的工作岗位。同时将政策落实到位。

（三）新时期大学生就业多元化选择的形成原因

1. 传统观念影响了大学生的就业选择

学生的成长受到了我国传统文化的长期熏陶，再加上父母的工作生活方式也会在一定程度上影响学生的思维模式，从而影响到学生的就业选择方向。多数大学生的父母在工作上选择求稳，尤其是在传统“铁饭碗”思想的影响下，让大学生在毕业之后就选择报考公务员、职业单位等相对发展较为稳定的工作。再加上目前许多独生子女的家庭，为了能够近距离照顾彼此，父母会干预学生的就业范围和就业方向，虽然父母的干预是基于现实发展基础上的，但是并不利于学生自身专业和特长的发挥，也很容易造成当代大学毕业生在就业选择上产生心理矛盾。

2. 缺少职业规划教育

大学生就业观念的形成不但受到家庭和当前社会环境的影响，学校的职业规划教育也会起到至关重要的作用。学校的职业规划教育能够帮助学生对自我形成正确的认知，并且让学生对今后的发展方向有着明确的规划。但我国所应用的是应试教育模式，过于注重知识的传授，很少培养学生养成兴趣爱好，在教育期间也更加注重优秀学生的培养，大多是对学生进行批评，很少进行正面鼓励。长期采用这种限制性应试教育模式很容易限制学生的个性化发展，并且会让学生失去相应的创新创造能力。学生在进入大学之后，很难对自己的性格、优劣势有明确的认知，甚至还没有树立正确的思想价值观念。在大学生活期间，学生会接收到来自各个渠道的信息，学生无法对信息的真实性进行筛选，在一定程度上造成了学生思绪焦虑，无法对自身的职业生涯进行规划。高校虽然一直在对学生进行职业规划教育，并积极开创了一系列的创新创业教育课程，但是由于课程缺少合理性与科学性，与专业教育的衔接性较差，课程过于重视理论知识教学，忽视了实践教学的重要性，对学生的就业引导效果并不明显，最终学生也只能靠自己长期的发展和摸索来形成一套自己的职业价值观念。

3. 学生个人多样化的个性

生活环境、知识学习程度等外界因素对人所起到的影响作用是有差异的，因此也导致了人与人之间的性格、兴趣取向、价值观念的差异。新时代大学生的差异性主要体现在学生的性格上，积极性格的学生更能够承受工作压力，且擅长创新创造；而消极的性格则更喜欢抱怨，对生活工作发展盲目等。大学生在就业选择的期间会受到性格的影响。积极性格的学生会主动寻找符合自身兴趣爱好的职业，而消极性格的学生在就业选择上会选择更加功利化的职业

4. 互联网对大学生就业选择的影响

随着近些年网络科技的快速发展，互联网信息技术已经渗透到社会各界中，我国也迎来了“互联网 +”的全新时代。新时代大学生的成长与互联网信息技术共同成长发展，在形成就业价值观的过程中，他们很容易受到互联网信息的积极影响，他们会积极利用公众号、微博等互联网平台来了解自己感兴趣的工作单位、获取对自身有益的就业信息，并不断进行筛选。另外互联网行业的快速发展也为更多的大学毕业生提供了择业机会，而未来互联网行业的就业规模也会持续不断地扩大。但实际上互联网上所发布的信息数量庞大，内容也十分复杂，许多大学毕业生并不具备较强的分析辨别能力，很容易在庞大的信息数据中迷失自我，无法对自身的性格特征进行明确分析，导致产生错误的自我认知和就业价值观念，最终产生了迷茫、不自信等心理。为了提高学生就业效率和质量，高校一定要积极引导学生正确认识互联网信息，并让学生树立正确的思想观念，加强对各类信息的分析辨别能力。

五、当今高校大学生就业市场现状分析

（一）大学生招聘方式分析

企业针对大学生招聘通常会采用校园招聘或者网络招聘。校园招聘是专门针

对应届大学生的招聘方式。目前，应届毕业生主要就业途径就是校园招聘，但是，相关咨询公司在《中国校园招聘大学生洞察白皮书》中指出获得 1—3 家企业面试的学生比例近功获取 40%，这说明应届毕业生虽然参与不少校园招聘，但成 Offer 还是具有一定难度。网络招聘是以招聘平台为载体，企业在平台发布招聘信息，它可以将就业信息全方位地提供给学生，相较于传统的线下招聘，它更节约时间成本和空间成本。典型的招聘网站如“前程无忧”“智联招聘”等。网络招聘发展至今，已经积累了大量的职位信息，随着 AI 技术的日渐成熟，依靠网络就能够实现精准的职位推荐，对于促进大学生就业是十分有意义的。

（二）招聘市场需求结果分析

2021 年企业招聘市场总体情况分析如下：

（1）热门职位情况。如图 1-2-1 所示，根据热门职位统计结果。发现销售是市场需求量最大的职位，其后是数据分析和运营；但是与计算机、互联网相关技术的职位占据了热门职位的一半左右，表明市场对计算机互联网技术人才仍然有很大需求。

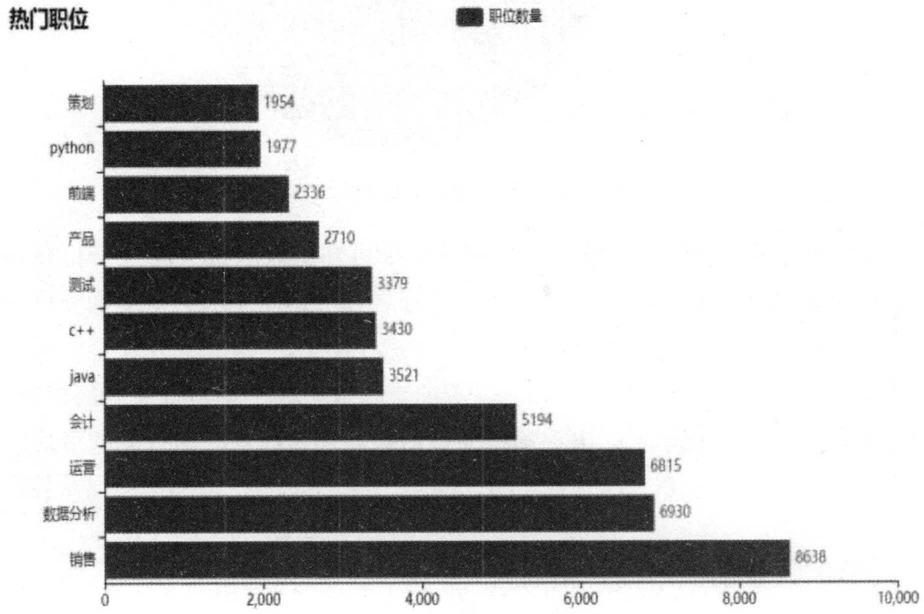

图 1-2-1　热门职位柱状图

（2）热门行业。热门行业统计可知，计算机软件和互联网的词频数遥遥领先，但是较为传统的行业，如房地产、金融贸易和教育行业，仍占有一定的比例。

（3）热门城市。热门统计结果显示，北上广深“老牌”一线城市的职位需求量仍是最大，其后是成都、杭州、南京和武汉等属于“新一线”的城市。总之招聘需求主要集中在相对发达城市。

（4）招聘组织类型。如图 1-2-2 所示，招聘组织中私营企业的需求最大，其次是国企，而政府机关和外企代表处的招聘需求是最小的。

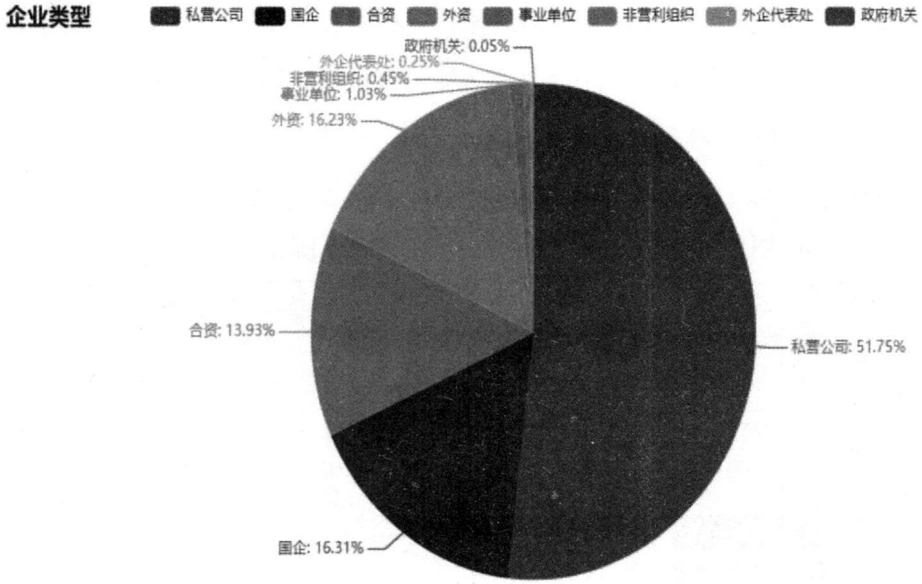

图 1-2-2 招聘组织类型扇形图

（5）热门城市行业发展情况。从统计结果可知，需求最大的三个行业是互联网、网络游戏和计算机软件，总份额占百分之五十；而需求的角度判断行业的发展，毫无疑问在广州发展情况最好。

（6）行业平均薪资。统计可知，薪资前十行业中，平均薪资最高的是银行，其次是金融、房地产和学术，出乎预料的是招聘需求大的互联网行业的平均薪资并不高。

六、大学生就业创业市场开拓途径

（一）高校主动为大学生拓展就业市场

1. 全行业、全区域拓展就业市场

面向行业、面向专业、面向区域，以点带面拓展就业市场在实地走访和调研的基础上，面向农业行业，面向资源环境类专业，面向“长三角”“珠三角”、临港新片区等学生选择就业热点区域，学院积极主动拓展就业市场，强化校企合作，每年签订8—10个就业实习基地。并在就业服务、职场规划、课程开发、教学资源建设、项目研发、技能竞赛等多领域开展合作。就业实习基地是大学生接触实际生产、加深对所学理论知识的理解、掌握一定的生产技能和了解企业的窗口。利用就业实习基地，给学生提供实习平台，帮助大学生积累工作经验，提高实际动手能力，为将来就业提供条件。在企业开辟建立“实习基地”，与企业签订“订单式”培养计划，从而与企业建立“友好合作伙伴”关系，实现资源优势互补。

2. 组建专家队伍定向支持，实现校企双向合作

通过走访交流，了解用人单位的经营模式与理念，并掌握用人单位对于高校的需求。企业的发展需要专业高端人才的助力，为了更好地加固校企合作，学院计划每年组建专家教授博士团赴企业开展生产指导，建立用人单位与学校教学团队的紧密型合作关系，形成企业人员与学校团队教师、学生共同参与的人才培养模式。搭建“学校+实习基地”递进的“学做合一”的产学研实习平台，形成“教与学紧密结合、理论与实践紧密结合、学校与企业紧密结合”的全面人才培养模式，主动维护和大力开拓就业市场，学院预计通过2—3年的努力，创办具有一定影响力、具有较强的师资队伍、能满足前沿技术与核心技能训练的校外就业市场，为高校人才培养输送和地区经济发展做出贡献。

（二）邀请知名企业举办专场招聘会和就业辅导讲座

每学期定期召开一次大型专场招聘会，邀请相关专业知名企业至少20—30家；举办春、秋季“就业服务月”活动，在就业服务活动月期间每周邀请企业来学校举办招聘不少于3次。邀请重点用人单位的领导、专家、工程师来校举办“企业家论坛”“就业创业论坛”“专家讲座”等专题报告会，针对学生就业能力培养开设讲座，介绍企业文化、企业的用人理念、企业的发展战略、企业的运作模式、企业的人才标准、企业的招聘计划等较为感性的知识和经验，丰富校园文化活动。每年举办资源环境类专业大学生就业创业类大赛、求职简历面试大赛、职业生涯规划大赛等，聘请企业人员作为大赛评委或创业类项目的导师。聘请2名企业员工作为长期就业创业导师并颁发聘书，每学期至少要开展2次就业创业方面的讲座和指导，增长学生的见识，拉近学生与企业的距离。

（三）搭建网络平台，开拓和优化无形市场

充分利用网络便捷、高效、信息共享的优势促进和优化无形就业市场的建设，

实现有形市场与无形市场的良性互动，做到两个市场优势互补。第一，建立方便快捷和富有本校专业特色的就业信息网、就业微信公众号等。实现毕业生和用人单位的登记注册、资料发布、信息查询、数据统计、求职招聘等工作的网络化，增加网上求职、择业、面试等内容的培训系统，增加与政府、社会公招等社会公共就业网站的对接。第二，举办“网上供需洽谈会”“网络视频招聘会”等。利用网络迅速快捷、成本低、信息量丰富的优势，克服现场招聘会带来的各种弊端，开拓大学毕业生的就业市场，成为大学生就业市场发展趋势。结合教育部“24365校园招聘服务”平台，开展全国线上专场招聘会，开展“职海引航”就业能力提升空中培训计划等。第三，努力拓宽就业网的服务功能。计划开辟毕业生交流吧，吸引已就业的往届毕业生参与到交流吧的讨论中来，交流求职经验，畅谈工作感悟；为毕业生制作“风采录”集锦，以便毕业生全方位展示自我风采，更好地吸引用人单位的眼球。第四，做好网站的管理与信息的发布。责任专人做好网站的管理和就业招聘信息的更新，建立和完善科学有效的需求信息审核与发布机制，保证信息的安全，为毕业生与用人单位牵线搭桥，实现无缝对接，提高毕业生求职成功率。

（四）帮助有能力的毕业生自主创业

开设职业生涯规划、就业创业指导课程，邀请有关就业和创业方面的成功人士来我校开展讲座。加强对学生就业、创业心态、职业素质和能力的培养，使学生具有较强的就业竞争力和创业意识。通过举办创业讲座、创业大赛、职业生涯规划大赛、社团活动等，丰富学生的创业知识和创业体验；通过组织学生参加“互联网+”“创青春”“三创赛”“挑战杯”等为毕业生创业搭建平台。为有能力自主创业的毕业生提供帮助，指导他们创业就业，鼓励以创业带动就业，通过毕业生自主创业来拓宽就业范围。

第三节　大学生职业认知与职业素质培养

一、大学生职业的认知的基本理论

（一）职业认知

1. 职业的概念

职业是指人们从事的有收入的、相对稳定的及专门类别的工作；它是对人们的经济状况、文化水平、生活方式、行为模式与思想情操的综合反映；它是一个人的权利和义务，也是一个人社会地位的一般性表征。由此也可以说，职业是人类社会角色的一个极为重要的方面。此外，职业往往成为一个人最基本的符号与最主要的特征，反映了一个人的社会身份、社会地位与自身的文化、能力、素质水平等。

2. 职业认知的界定

职业认知的界定多从心理学角度对“认知”的认识和理解的基础上进行解读的。《心理学百科全书》（1972）中对认知一词解释为获取知识和了解环境的过程，其过程包括知觉、发现、再认识、想象、判断等。西班牙有学者认为认知是个体内部和主体间性中产生的心理结构，进而将职业认知理解为进入职业岗位的学生在其内部和主体间产生的心理结构。

在动态发展论的指导下人们越来越关注职业认知的动态性，认为职业认知是一个动态变化的过程，是个人与周围所处环境交互作用的结果渐成共识。职业认知是个体在家庭、学校和社会的综合影响下，通过职业学习与自身实践来认识、评价某一职业的过程，是个体职业准备、职业选择及职业进入的基础与前提。职业认知是指个体在意识认知层面，在日常学习交往过程中不断修正、改变的对某一职业的环境、规范、意义等认识与感悟，是一种动态的建构过程。

（二）职业认知的内涵

尽管学者们从不同的角度对职业认知的内涵进行了描述和把握，但他们都更加强调职业动态化的理解，不仅关注对职业的整体认识，也更强调个体对职业的主观感受。基于职业认知定义及内涵的演变和发展，职业认知是个体与周围环境交互作用过程中所形成的对某一职业的认识和评价，它既包括个体在意识层面上对个人以及职业环境的整体认识和看法，也包括个体在自身实践或社会经历中所形成的对职业的认识和评价。这一定义是从两方面来界定职业认知的基本内涵的。

（1）从职业性质来看，不同的职业具有自身的特殊性，它不仅仅是个人意识层面的主观反映，还要投入到具体的实践和社会活动中，因此职业认知是主客观认识相结合的认知。

（2）从形成过程来看，职业认知是一个动态变化的建构过程。个体已有的认识会在职业情境和社会活动中进行学习迁移和重新塑造，这个过程既是对个人自身发展的评估，即“知己”，更是对未来职业预期发展的适应与考量，即“知职”。

（三）职业认知的分类与内容

在职业认知的分类及构成要素上，国外研究中应用多以 Wise 的职业意识概念框架作为基础。该框架认为职业意识是一个人在做出职业相关选择的过程中应包含四个方面，即知识、价值观、偏好和自我概念，个人可以利用某些技能来评估自己的职业意识和能力，并确定和评估职业机会。尽管这样的分类对职业认知的研究具有一定的参考价值，但部分学者在研究过程中将 Wise 的职业意识等同于职业认知，因此研究过程中难免有失偏颇，毕竟两者之间存在着本质上的差别。有学者提出职业成熟度包含态度与知识两个因素。职业成熟度的核心在于个体的认知能力，主要表现为工作条件、工作领域、工作职责、工作时间需求、工作心理需求以及工作筛选能力。

国内学者们对于职业认知的分类和内容大多根据专业特点和研究群体来进行划分。有的将大学生职业决策的认知过程中分为自我认知、职业信息、职业目标、职业规划、问题解决。有的学者认为应届大学毕业生的职业认知由职业兴趣、职业自我效能感、职业结果预期三个维度构成。同时，将职业认知的维度划分为职业生涯规划、职业信息、专业认知、自我概念。还有的学者将职业认知划分为职业能力、职业内容、职业规划、职业评价、职业价值观。职业认知的影响因素、职业认知的形成是一个持续互动的过程。社会认知职业理论克服了传统职业理论将心理、社会、经济等影响因素分割开来且缺乏动态的局限性，建立了一个整合的、动态的框架。此后陆续有学者将其拓展到不同人群的研究中，试图解释不同群体的职业发展，更为重视性别、年龄、文化等因素的作用。国内学者对职业认知影响因素的研究多是基于学生认知现状调查研究的基础上展开的，主要是从个体特性和外部环境两方面进行理论分析。个体特性的因素包括年龄、性别、收入等人口学特征变量，如认为手术室男护士的年龄、职称、收入是影响职业认知状况的主要因素；认为年级、专业、有无偶像以及个人伦理观对于新闻传播类学生的新闻职业认知的各个维度影响较为显著。在外部环境因素方面，主要分为单因素和多因素分析；认为实习场所、实习内容以及实习类型都会影响师范类教师的职业认知，总体上看，职业认知的培育受多重因素的影响，是一个动态变化着的过程。学术界关于职业认知影响因素的研究经历了从关注研究个体因素，到一个或几个变量的影响关系，再到全方位多元化角度研究的演变过程。由此可见，职业认知的影响因素是多方面的，既有个人层面的，也有外部层面的，是各方面共同作用、相互影响的结果。

因此在分析职业认知的影响因素时要充分考虑到内部因素、外部环境因素等更多层面，并使之互相整合，从而推动和发展职业认知的创新研究。

（四）职业认知的作用与功能

职业认知是职业选择的基础和前提，对个人的职业生涯发展以及社会需求都具有重要的引导性作用。目前学术界对职业认知的作用与功能主要表现在对学生个人的职业发展以及学校职业化教育两方面。

一方面，学术界多较为关注职业认知的基础性作用与功能，重在突出职业认知对学生个体的专业素养和职业发展的作用。学者认为职业认知学习对于学生而言是明确职业学习目标的前提，能让学生在校期间增强学习的目的性和主动性，学好专业知识和技能，为就业奠定良好基础。

另一方面，职业认知在课程教学和人才培养方面作用与功能较为突出。认为职业认知能让在校学生在课堂中感受职业的能力需求，达成职业教育共识，这既是专业课程设置的出发点，也是教学的开端。

二、职业素质与大学生职业素质的培养策略

（一）职业素质的概念

从学术角度来讲，职业素质主要指的是人们在从事某一种职业活动过程中需要具备的最基础的素质，可以简单地将其概括为专业知识以及职业技能、敬业精神以及道德情操、身体素质。职业素养则除了基本素质之外还包含心理状态。而针对当前的大学生来讲，提高职业素养则是要为其制定具有可行性的学习环境，帮助学生提前了解与职业岗位相关的内容。比如，以理论教学作为传授专业知识以及职业技能的主要途径；通过实践活动以及对外探究，强化学生的敬业精神和道德情操；利用交流和沟通，打造专业化的身体素质以及引导学生的心理状态。

只有这样，才能及时提升大学生的岗位适应能力以及未来发展质量。

（二）高校对大学生职业素质培养中的不足

1. 人才培养目标的定位不够精准

我国高等院校类型主要分为学术型大学、应用型本科院校以及职业技术高校，三类高校在人才培养目标上有一定的差异性。比如，学术型大学主要致力于培养高精尖人才，强调学术研究以及科技研究；应用型本科院校主要致力于培养应用型人才，并且在地方经济以及社会发展的基础上，满足社会人才需求；而职业技术型高校，则注重培养技能型人才，需要学生兼具生产、管理、服务等专业技能。这样一来，就导致不同院校在制定人才培养战略目标的过程中有较大差异性。但是，职业素质的培养是所有高等院校必须要践行的核心目标。另外，当前，部分高校对其重视程度并不相同。例如，职业技术型院校过于强调技术的培养，缺乏对核心理念以及思想意识的引导；学术型大学过于强调学术科研，在思政教育以及实践教育方面缺乏力度；应用型大学想要两者兼顾，但是其平衡性无法掌控。

2. 课程体系不完善

职业素养的培养，并不是单纯从理论角度进行引导的，而是具备较强专业性以及系统性，因此需要利用专业的课程来进行整体规划。但是，当前，大部分高校课程的设置缺乏统一性，有的高校甚至取消了职业实践等类型的课程。另外，缺乏有效的配套设施。例如，教材体系缺乏合理性，传输的理论过于形式化，并且单纯地强调思想道德，却缺乏思想道德与职业之间的交互研究。此外，职业素养以及创新创业教育与整个教学体系之间的融合不够紧密，缺乏专业辅助以及实践支撑，导致教育体系存在较强的形式化问题。

3. 师资体系较为匮乏

教师是落实教学改革的主要力量，同时也是进一步强化学生综合能力的关键力量。在职业素质以及创新创业教育改革的过程中，高校必须要具备一支良好的教师团队。但是，目前部分高校师资队伍的改革和培训体系还不够完善，队伍建设较为落后，缺少双师型教师以及应用型教师。同时，教师秉承的教学方式仍以传统的理论灌输为主，与当前的职业素养以及创新创业教育之间缺乏连贯性，存在较大的断层，无法指导学生的实际实践活动。

4. 缺乏有效的基础资源体系

从综合职业素养以及创新创业培养的角度来讲，只有具备极为开放性的实践空间，帮助学生营造与职业环境相同的学习环境和学习平台，并为其提供有效的机遇，才能促使职业素养的提升具有可行性。但是，当前部分高校缺乏有效的基础保障。例如，高校内部的实验室紧缺、实验器材不完善、缺乏对外的合作实践基地。这不仅无法满足学生的实践需求，也难以从社会的角度引导学生了解职业素养，从而无法为其提供具有针对性的创新创业机会，并且导致所有的教育都只是局限在表面和理论上，与正常的生产生活无法对接。

（三）大学生职业素质培养的创新路径

1. 完善人才培养战略目标

目前，各个高等院校都需要在自身实际人才培养定位的基础上进行全方位分析，了解高校的实际发展情况以及社会影响力，并合理培养人才的综合能力以及创新创业能力。大学生的职业素质以及创新创业能力，是所有高校都必须要放在首位的培养对象。只有坚持这样的原则，努力向着这一目标发展，才可以为大学生的未来职业生涯规划提供有效保障。

2. 落实教育课程体系的改革

首先，教育部以及相关部门需要结合大学生职业素质以及创新创业能力培养提出相关政策以及规范条例，统一落实高等院校课程体系的创新和改革，确保将职业素养以及创新创业能力纳入文化素质教育领域中，从而将其作为专业课程进行讲授。其次，应进一步强化高校基础教学配套体系的建设，在专业教材的基础上打造符合高校发展需求的校本教材。最后，从学校的角度来讲，职业素质教育以及创新创业教育必须要和专业课程进行相互渗透。例如，坚持发挥思政课程的影响力，促使职业素养能够与各个专业体系融合起来。

另外可以将企业文化融入专业课程。首先，聘用企业工作经验丰富的人员充实师资队伍，这是企业文化融入人才培养的重要环节。企业师资在教育活动中，能将职业精神与职业理念在潜移默化中传递给学生，并带入到专业课教学，学生从老师的言行举止中感受到企业氛围。其次，结合专业特点，将企业管理模式融入课堂教学。例如，空乘专业实践教学环节中，将航前准备会、航后讲评会、乘务组技能竞赛以及各类交流活动融入日常教学，按照航空公司对乘务组的管理标准和要求设计教学等。这都是企业文化融入专业课程的优秀范例。

3. 强化教师团队培养

首先，高校要坚持“培养与引进”双轨并行的方式来重组专业教师团队，进一步拓展教师队伍的规模，增强其专业性，从而为职业教育以及创新创业教育提供有效地引导主体。其次，教师团队需要进一步完善自身的能力，并且及时分析社会产业结构调整情况，了解相关创新创业案例，挖掘其中的教育思想以及教学方法。再次，高校应打造双师型教师团队，吸引一些创业成功人士、专家学者以及企业家来教授创业知识，从社会职业层面为学生传授正确的创新创业理念，也能够对在校的专业教师进行针对性指导和培训。

4. 构建创业就业教育服务平台

职业素养的提升以及创新创业能力的优化，必须要具备具体的实践平台和实践空间，这样才可以将学生学习到的理论基础融入实践中去。因此，高校可以与多方主体进行合作，打造创新创业服务平台。例如，某高校在互联网的基础上构建了综合创新创业服务平台，其中涵盖了政府扶持板块、社会服务板块、高校教育板块等基础功能。同时，该平台可以集中实现资源共享以及信息对接，还能够实现相关信息的组织发布以及管理，快速分享社会人力资源信息，为企业、高校以及学生提供有效的资源信息。

5. 落实好基础设施及经费投入

首先，政府必须要将教育经费的投入放在地方财政的首位，并结合国家提出的“调整优化财政支出结构”等相关政策进行针对性调整。同时，也要在地方经济发展水平的基础上，打造多方互动合作体系，进一步吸纳社会企业以及相关机构，使其以自愿的方式投入教育资金。其次，高校应全面分析职业素养教育以及创新创业教育的相关需求，设置专项资金，合理优化资金流通渠道，并大力加强基础设施建设。另外，还应将更多的经费投入常规的教学科研以及教学改革中，提升职业素养以及创新创业教育。

第二章　创新思维与创业基础理论

本章针对创新思维与创业基础理论展开论述，围绕四个方面进行阐释，依次为创新的概念与创新思维训练、创新思维与创业的关系、创业机会与创业能力的关系、大学生创业方法与途径探索。

第一节　创新的概念与创新思维训练

一、创新与创新思维的概述

（一）创新的概念

人们一般对创新的定义分为三种，一种是改变现在的状态，也就是对本来就存在的事物进行改造、改编；第二种是创造新事物，对本来没有事物进行创造；第三种是更新，也就是改革，通过改良取代原有的事物。从人类社会历史的发展来看，人类社会的进程离不开创新，创新是人类区别于动物特有的实践能力，是人类自身主观能动性的外在表现，创新的根本是为了发展的需要，在已有的知识信息基础上，不断改良、突破，产生新颖独特、有价值的新鲜事物或者新的思想意识，使国家和民族不断进步和发展的原动力。

（二）创新的要素

创新要素是指和创新相关的资源和能力的组合，通俗地讲，就是支持创新的人、财、物，以及将人、财、物组合的机制。主要有4个：创新者、机会、环境和资源。创新者一般是指企业家。有时创新者除了企业家外，还可以是科研单位的研究人员、负责人或政府计划管理人员等。虽然创新者一般是企业家，但并非所有的企业家都是创新者，发明家也不一定是创新者。只有敢于冒风险，把新发明引入经济的企业家或发明家，才是创新者。创新者根据市场需求信息与技术进步信息，捕捉创新机会，通过把市场需求与技术上可能性结合起来，产生新的思想。这些新的思想在合适的经营环境和创新政策的鼓励下（包括合理的价格、公平的竞争、对技术创新的鼓励政策等），利用可得到的资源（包括人力资源、财力资源和技术资源），通过组织管理（研究开发、试生产、设计和生产、营销），从而形成技术创新。

（三）创新思维的概念

所谓创新思维，就是突破常规思维的限制，不断探索提出问题、分析问题、解决问题的新思路、新方法。每个人都会时不时地迸发出创新意识，但创新意识并不是系统的创新思维，创新思维需要经过有意识地训练，将感性的创新意识上升到理性的创新探索上，实现由感性认识到理性认识的飞跃。

（四）创新思维的特点

创新思维具有五个主要特点：

（1）思维形式的反常性

即反传统、反常规的特点。从传统逻辑思路看，创新思维过程表现出较为明显的突变性、跨越性，是一种逻辑中断。

（2）思维过程的辩证性

创新思维过程往往是形象思维和抽象思维、直觉思维和分析思维等多种思维形式的辩证统一和矛盾运动

（3）思维空间的开放性

创新思维往往突破传统思维定势，用批判的眼光看问题，从新的视角分析问题，从而得到异于常规的新结论

（4）思维成果的独创性

独创性是创新思维的重要标志，特别是在面临新问题、前沿问题时，没有现成的解决方案可以使用，创新思维显得尤为重要

（5）思维主体的能动性

创新思维更加依靠主体的主观能动性，没有主体有意识、有目的的创新活动就没有创新。

二、大学生创新思维提升与训练

（一）大学生创新型人才与创新思维的关系

社会对我国高等教育多年以来创新人才培养的现状和大学生创新思维培养的效果颇多微词，代表性的如“钱学森之问”。高校创新人才培养的困境，目前主要表现为创新思维提升缓慢、创新能力培养的质量难以保障。其主要原因在于思维的难以观察性，而现有的很多教育培训模式以增强自信、头脑风暴等零散的方法为主，过于依赖人的灵感和经验产生创意。经验往往需要长期积累，灵感往往可遇而不可求，缺乏系统性的科学的方法论和适应网络信息环境的创新能力培养模式支撑，是导致创新思维培养质量提升缓慢的主要原因。

（二）创新思维训练路径及高校教学模式探索

移动网络环境为大学生创新能力培养提供了新的条件。创新需要理性逻辑和精确求证，更需要“打破”原有的旧规则。互联网及各类信息系统储存的大量信息已成为创新的原料，搜索引擎、文本挖掘及知识管理等为创新提供了技术工具，基于复杂性系统科学理论，充分利用网络信息环境下的多源、多粒度信息进行整合分析，通过流程化、形式化创新方法产生近似全解的创意，是提高创新思维质量的根本路径。萃智（TRIZ）方法已经在很多学校开设课程，并取得了较好的效果。TRIZ 与可拓学有内在的联系，TRIZ 求解工具与可拓创新方法存在相关性，TRIZ 理论中的各个创新工具可以用可拓方法形式化描述，可拓学可以作为 TRIZ 的理论基础。为此，我们重点介绍可拓学在提升创新思维质量中的应用，讨论可拓创新方法与专业课整合、提升，为大学生创新能力培养构建流程化的有趣而实用的新模式。

1. 理论与方法基础

可拓学是由中国学者蔡文于 1983 年提出的一门原创性横断学科，它以形式化的模型，探讨事物拓展的可能性以及开拓创新的规律与方法，并用于解决矛盾问题。其基本理论包括基元理论、可拓集合理论和可拓逻辑三个部分。基元理论认为，构成大千世界的万事万物可分为物、事、关系三大类，一切客观存在统称为物，物与物的互相作用称为事，物与物、物与事、事与事之间的联系称为关系。基元以对象、特征、量值的三元组表示各类信息。可以从物质性、系统性、对立性和动态性等四个方面进行实部与虚部、硬部与软部、正部与负部、潜部与显部八个方面的共轭分析，形成完整的特征信息描述。可拓集合是从问题与事物的动态性和可转化性角度提出的一种新的集合概念，它从变换的视角研究事物具有某种性质的程度及其动态变化。康托集合描述事物的确定性，模糊集合描述事物的模糊性，而可拓集合描述事物的动态可转化性，以定性、定量相结合的方法描述事物量变和质变的过程。可拓逻辑研究是在矛盾前提下，通过某种变换，得到不矛盾的结论。它是一门形式逻辑和辩证逻辑相结合的、研究如何化矛盾为不矛盾的新型逻辑。在基元理论用基元等形式化语言来表达万事万物和建立矛盾问题的描述模型基础上，以拓展分析、可拓变换等形式化表达解决矛盾问题的过程，通过基本变换、传导变换、共轭变换以及转换桥方法等表达生成策略的过程，产生一系列解决矛盾问题的策略，然后通过优度评价法等进行评价，最后选择最佳策略实施。基于可拓理论形成的一套方法称为可拓创新方法。

2. 创新思维训练路径及形式

对比研究国内外创造力教学模式，兼收认知主义和建构主义理论的优点，系统研究课程知识之间的内在基元联系，以思维拓展为核心，开发了创新思维培养的教学课程体系和教学工具，设计了系列故事串联的综合实践训练题库，称为提升创新思维的双螺旋模式（图 2-1-1）。

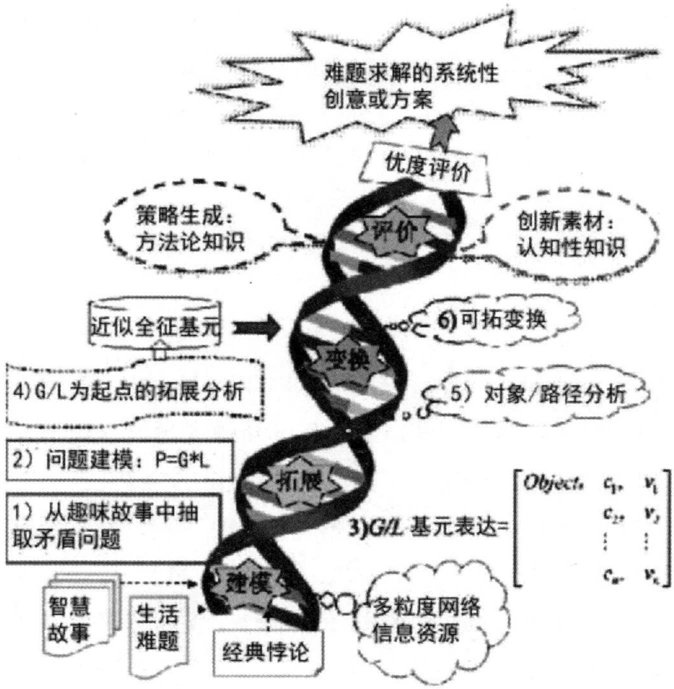

图 2-1-1 提升创新思维质量的可拓模式示意图

该模式整合认知性知识和方法论知识，以复杂的难题求解和矛盾问题处理为目标驱动，以网络信息资源为素材，以可拓创新方法论指导大学生的创新思维训练。该模式的主要实现路径如下

（1）从故事中抽取矛盾问题。如围魏救赵是处理赵国距离齐国远、时间紧，救兵无法及时赶到的矛盾；曹冲称象是处理大象质量超出秤的称量范围，大象又不能杀死切块来称的矛盾；司马光砸缸是处理小孩个子矮和水缸过高的矛盾；草船借箭是解决时间紧、工匠少、制造产能不足的矛盾

（2）对矛盾问题进行建模问题 $P=G\times L$，G 是目标，L 是条件。矛盾问题表现为现有条件无法实现期望的目标。

（3）基于条件和目标建立矛盾问题的基元模型，以基元（对象、属性、量值）三元组表达信息与知识。采用基元和本体技术收集课程知识和故事相关信息，以基元理论为指导，构建面向问题处理的实践应用导向的信息与知识基元素材库，实现创新素材的可积性。

（4）以条件 L 和目标 G 的初始基元为素材，对问题进行虚实、软硬、正负、浅显四个方面的共轭分析和发散、相关、蕴含及可扩等拓展，得到近似全特征基元。

（5）故事解读与创新策略生成的对象与路径分析。根据可拓集合理论，创新的对象可以分别从论域、关联准则和元素等对象入手，按三条路径探索：变换现有条件、目标或同时变换条件和目标。

（6）可拓变换。在基元信息收集、形式化表达和创新途径分析基础上，分别用置换、扩缩、增删、分解和复制五种变换方法对基元的对象、特征和量值进行变换，得到所有可能的创新方案或创新方向。

（7）优度评价。对得到的方案进行评价、选择，得到优度最高的可行的方案。

（三）开展艺术教育，提升大学生创新思维能力

1. 艺术教育对培养创新思维的重要价值

（1）提高学生思维的灵活性

艺术活动本身是一种创新性的活动，艺术教育能够培养学生的想象力，提高学生思维的广度，为学生创新思维发展提供重要条件。艺术作品来源于日常生活，又对生活进行了提炼，用艺术的手法对生活进行了重新塑造。艺术作品充满了艺术家丰富的想象力，艺术家在情感支配下通过想象完成了艺术形象的塑造。创新思维的培养离不开想象力的训练，教师在艺术教育中分析和鉴赏了大量艺术作品，

组织学生开展讨论活动，进一步培养了学生的思维能力。艺术教育有助于提高学生想象能力，增强学生思维的灵活性，给予学生广阔的想象空间，从而达到提高学生创新思维能力的目标。

（2）培养学生的综合性思维

学生创新实践活动是一种综合性的活动，需要多种思维的有效参与，要求学生从整体上掌握和审视客观事件，找寻解决问题的方法，从细节上提高行动的有效性。在创新实践活动过程中，学生要具有整体把握能力，在生产实践中运用聚合、发散的思维方式。艺术活动给学生提供了思维升华的机会，有助于培养学生思维的整体性。任何艺术活动都是将事物的形状、色彩、空间等知觉对象，整体性地进行综合、叠加、黏合、变形、补充和夸张，从而形成新的审美意象，这要求学生对艺术形象的形成进行综合性的把握。审美赏析活动也需要使用整体性的思维方式，一方面要把握事物的细节，对细节进行观察，另一方面要在把握局部的基础上认识事物的整体。艺术赏析的过程是学生思想升华的过程，能培养学生的创新思维。艺术实践、艺术赏析等教育活动能促使学生掌握并运用艺术的方法来改变世界。

（3）培养学生的独创性思维

思维独创性是指思维主体善于思考，善于发现问题，并能有效解决问题。只有具备独创性思维，才能在现有基础上取得质的突破，达到高质量的创新。高校艺术教育有助于培养学生的独创性思维，培养学生的质疑精神，引导学生从多角度品味艺术形象，鼓励学生对艺术作品进行深度的思考研究，拓展学生的学习思路。艺术活动还具有批判性，这种批判表现为学生不仅关注艺术作品，而且关注作品的创作背景、作家的思想主张，能运用当下审美价值理念对艺术形象进行批判性的赏析，并且对艺术形象的价值做出重新判断。艺术审美活动具有其他活动无可比拟的自由性、独立性和批判性，它受个体自主意识主导，由个体对作品做出评价，有助于破旧立新。艺术教育有助于提高学生的艺术才华、修养，培养学生独创性思维，引导学生以更加新颖的方式有效解决各种问题。

2. 艺术教育训练学生创新思维的有效措施

（1）创设良好的艺术教育情境

首先，艺术教育应当激发学生的学习兴趣，教师应当营造轻松的教学氛围，让学生自由思考，激发学生创作的热情。教师还要根据学生的兴趣，通过微课或慕课呈现与艺术相关的内容，从而激发学生的艺术创作灵感。其次，为了培养学生想象力，促进学生投入艺术创作实践，教师还要建立融洽的师生关系，与学生进行良好的交流，了解学生的性格特征。良好的师生关系是创建美好课堂的重要条件，能够激发学生学习的主动性，因此教师应以学生为主体，为学生提供课堂展示的空间和机会。最后，教师可以利用身边的资源鼓励学生参加艺术创作活动，激发学生创作的积极性。教师可以让学生在课堂上展示作品，或者组织学生就艺术作品进行互动讨论，给予学生肯定的评价，建立学生的自信心。另外，教师还可以布置一些艺术情境任务，引导学生大胆发挥想象力，积极投入艺术实践，以达到培养学生创新能力的目标。

（2）提高学生的审美鉴赏能力

首先，教师应当高度重视提高学生艺术鉴赏水平，通过经典、优秀、前沿的艺术作品激发学生的创作灵感，开阔学生的艺术视野，提高学生的欣赏水平，培养学生创作信心。其次，教师还要激发学生自主学习的欲望，鼓励学生大胆探索，引导他们利用互联网自主寻找艺术资源，进一步提高学生艺术欣赏的主动性，进而达到提高学生鉴赏能力的效果。最后，为了帮助学生掌握多种艺术创作技巧，还可以通过微课的方式专门讲解这方面的问题，使学生掌握一定的艺术技能。

（3）组织开展多种艺术实践活动

教师要多向学生展示来源于生活的艺术作品，鼓励学生运用学过的艺术技巧进行创作实践，从而促进学生艺术素养的全面提升。首先，教师应当在课堂上留有足够的时间供学生进行艺术创作实践。教师不仅要在艺术课堂上进行示范引导，还要鼓励学生大胆进行动手操作。其次，鼓励学生进行反复的练习，教师在学生练习的过程中给予指导，促进学生艺术能力的提高。

（4）增强学生学习的主动性

在课堂教学中，教师要创新教学方式，运用展示、游戏、比赛等方式调动学生学习积极性，鼓励学生积极投入艺术创作实践。教师应当把学习的主动权交给学生，以学生为主体，尊重学生的想法，鼓励学生进行大胆的尝试，缓解学生的心理压力，使学生在艺术实践中获得成就感。教师只有营造轻松的学习氛围，做到课堂教学以学生为主，让学生在艺术实践活动中释放自己的情感，才能为培养学生的创新能力奠定良好的基础。为了提高学生艺术实践水平，使学生在艺术创作中实现突破，还要将生活与美术教育进行结合，充分激发学生好奇心，向学生展示生活中的艺术，使学生主动地参与艺术实践，消除学生的排斥心理，帮助学生在学习艺术理论知识之余，体会到艺术活动的乐趣，从而积极投入艺术实践活动当中。

三、高校对大学生创新思维能力的培养

（一）大学生创新能力培养中的不足

在现下这种社会环境中，国际社会竞争加剧，为面对经济全球化带来的挑战，世界各国愈加重视科技创新型人才。而培养创新型人才也成为线下人才培养体系——教育的主要培养方向。高校是人才培养体系的重要机构，社会上绝大多数实践型人才都经过了专业教育培养，但由于之前创新教育理论不够完善，教师、学生、社会、国家关注度不够，以及社会各方面条件不够成熟的问题，培养创新能力的教育方式较为低下，培养效果较差，创新型人才相对较少。随着社会发展，国家、企业、社会组织、个人逐渐意识到了创新驱动发展战略的内涵，招聘人才愈加关注应聘者的综合能力，而创新能力成为影响就业者职业生涯的重要影响因素。在此背景下，学校培养学生创新能力的教学模式成为学界关注焦点。

1. 课堂教学沿用传统教学模式

当下，高校教学中存在以下两方面问题：

（1）传统教学模式以教师为主导，由教师传授知识，学生被动接受知识为主。学习过程中，学生不需要经过大量思考，只需接受由老师理解加工好的知识即可。长期以来的这种教学模式在工业化大生产阶段满足了当时需要大量流水线工人的需求，但在当下这个知识经济型社会中，个人的综合能力成为国家、企业、社会考虑的重要因素。独立的个性、独特创新型人才成为当今招聘者急需的人才，但当下教育体系中以教师为主的传统教学模式压抑着学生的自主思维、自我思考能力，学生的创新意识、创新思维得不到充分培养

（2）教学方式单一。学校课堂教学中 PPT 结合板书，教学内容为教材及相应的衍生知识，教师讲解为主要方式，学生对课堂内容欠缺兴趣。同时，外界诱惑增多，各种手机游戏、短视频等充斥着学生生活，面对枯燥的课堂教学，学生容易为外界事物所诱惑，丧失学习的积极性和自主性。

2. 教学实践缺乏创新

随着国家、企业、社会组织对实践能力的重视，越来越多的学校开始重视培养学生的实践能力，课堂教学引入了实验教学，但学校未充分利用学生的课余时间，学生只能在实验课进行实践训练，且实验课课时较少，不能充分培养学生的实践能力。学校还将社会力量引进教学，派遣学生在企业进行实践锻炼，但这种训练模式却又有压榨学生劳动力的嫌疑，学生虽锻炼了实践能力，但却对学生造成了心理压力。且教学实验与社会实践都缺乏对学生创新能力的培养，实验锻炼

学生的动手能力，在学生未掌握基本能力的阶段，教师不敢放学生进行自主操作，而社会实践则更加注重学生的本职工作，都存在缺陷。

（二）高校培养大学生创新能力的措施

1.课堂中运用创新思维教学方法

要培养学生创新思维能力，不仅是要引导学生从创新视角梳理、凝练教材内容，还需要从根本上改进教学方法，实现教学方法上的“创新”。在教学过程中根据学生的专业特点、生活学习需求等，采用不同的教学方法，有针对性地引入社会热点，广泛结合现实问题，调动、激发学生主动参与、积极思考、迸发碰撞出新想法，在理解、掌握和运用基本概念、基本原理的同时，潜移默化地培养批判精神、提升创新思维能力。可以采用的教学方法主要有如下几种：

（1）专题式教学

专题式教学是以教材为基础，根据教学目的和要求，对教材的重点、难点进行重新梳理和整合而进行的再开发。专题式教学有助于把学科知识以更加系统化、理论化、思想化的方式展现出来，提高教学的有效性和针对性，提升教学质量和效果。发挥师生双主体的能动作用，基于创新视角提炼出重点和难点，然后联系社会现实、时政热点，联系大学生的日常生活，师生共同寻找具体问题，共同用所学基础知识和基本理论去解释问题、解决问题。这一专题不仅有助于学生从一个新的视角更深刻地领悟课程主要内容，其本身也是一种创新，可以说是大学生在创新中提升创新思维能力。

（2）研讨式教学

研讨式教学是由教师根据教学内容创设问题情境，然后由教师和学生共同查找资料，运用课堂讨论、热点辩论、交流演讲、实践探索等形式，来凝练形成解决问题的办法。大学生思维活跃，在恰当的引导和激励下勇敢地突破原来的思维定式，从不同角度思考问题，能较快地养成敢于批判、敢于质疑的创新思维方式。

（3）参与式教学

在参与式教学中，教师不仅要传授知识，更要成为整个教学的引导者，引导学生积极参与到课程学习中，这种参与是全过程、全方位的参与，包括课外学习、课堂学习、课外实际应用等方面。参与式教学充分调动了大学生学习的积极性，把学生从被动接受的传统教学模式中解放出来，使他们成为课程学习的主体，真正参与到教学中。这种教学方法改变了教师在教学中的定位，从根本上改变了传统的以教师为主的灌输式讲课方法，是一种能较为彻底有效地培养学生创新思维能力的教学方法。参与式教学对教师提出了更高的要求，教师在课前要根据课程内容、学生特点、社会热点，有针对性地选择问题，在课堂上要有效组织和引导学生分析问题、讨论问题，在课下还要给予学生以系统指导。为了更有效地开展参与式教学，需要教研室组建教学团队，充分发挥每一位教师的作用，分工负责，相互配合，共同搭建网络教学平台，共同推进教学进程。

（4）基于体验的思政课五步教学法

基于体验的思政课五步教学法是山东工商学院思政课教学改革团队以创业者的精神和思维积极推进教学方法创新的一个优秀成果。这一教学方法把每一部分的课程学习都分为连接、呈现、体验、反思和应用五个阶段，引导学生以熟悉的模式自然而然地参与到课程学习中

2. 采取考查创新能力的教学评价

为了培养大学生的创新思维能力，必须提升大学生学习课程的积极性、主动性和自主性，为此，改革学生成绩评定标准并严格执行是非常必要的。可以对学生成绩评价方式进行改进，把传统的以考查学生对知识的记忆和理解为目的的闭卷考试，改为以考查学生的创造思维能力、知识综合应用能力、自主解决问题能力为目的的开卷考试。学生的最终成绩由两部分组成，即笔试＋平时成绩，每一部分成绩各占 50%。笔试主要以与社会热点、国家政策解读以及大学生自身实际有关的材料分析题为主。平时成绩的评定有明确的评分细则，包括学生参与课堂讨论、课下自主学习和社会实践活动等方面。

3. 校企合作推动学生创新能力培养

以校企合作推动学生创新能力培养，是高校教育教学改革的重要方向，也是培养学生的创新能力和实践能力的重要途径。为此，应当健全校企合作机制，搭建校企合作、创新创业等平台，以更好地培养学生的创新创业能力。

（1）建立健全校企合作机制，增强创新创业自觉意识。

一方面，学校可以在校内设置一些项目的组织创新活动，开展学生创新活动竞赛等，根据比赛成果颁发一些奖励，积极引导学生参与活动，发挥个人的自主能动性，让学生感受到参与的价值意义，有参与创新的动力，营造一个良好的创新气氛；另一方面，通过校企合作，结合市场导向、运用时代潮流嗅觉，引起学生的关注，不断地产生连锁反应，让更多的学生参与进来。学校与企业可以通过项目合作，让教师和学生走进企业，企业高精尖人才走进教室进行互动，教师利用实践教育优势促进学生教师的教学指导能力，企业可以通过学校攻克一些专业理论难题。这些都需要学校和企业的共同努力，制定匹配的方案，根据学生和企

业的实际情况，提出一些合理的建议，不断完善培养方案，发挥创新创业意识的同频共振效应。

（2）完善创新创业能力培养机制，搭建合作培养平台

政府也要发挥职能作用，促进校企合作，推动产学研项目的合作与转化。引导学校与企业共建培养平台，推动高校专业合理设置，必要时给予政策保障、资金支持，为优化校企合作提供坚定的基础。学校方面也要综合考虑，主动与企业开展培养工作，及时对接业务洽谈和落地，实现人才优化，丰富教学内涵，及时调整学校就业指导方向和教学目标。企业方面也要积极跟高校建立合同，合理利用高校资源，共同攻克技术难题，可以不定期地与学校进行沟通，及时发现问题并提出合理建议。通过多方努力，共同促进创新创业人才培养，确保校企合作的顺利开展。

（3）建立以创新能力培养为导向的教育机制

无论任何时期，一个国家拥有高水平的高等教育是推动国家发展的重要驱动力。现如今，社会要发展，企业要人才，人才靠培养，那么如何培养就显得至关重要。企业需要的是理论知识过硬、实践能力过强，理论与实践能够完美结合的综合型人才。所以，为了实现学生高就业率，高校要不断探索摸索教育模式，建立以创新能力为导向的教育机制。此外，企业与高校结合共同培养专业型人才，拉近企业与学校之间的距离，共同解决企业和学校面临的难点，校企合作达成共赢的培养模式。所以，要推动企业与学校结合，制定培养目标，对增强企业创业、创新能力的提升，促进学校教育水平的提高具有重要的作用。最后，在新的时代背景下，产教融合已经成为大趋势，所以高校应当积极推动产教融合，建构以创新能力培养为导向的产教融合机制，通过创业平台、实训平台、创新孵化中心等培养学生的创新能力。

第二节　创新思维与创业的关系

一、创新思维的重要性

创新是一种技能、一种方法，更是一种思维方式——教我们创新性地解决问题（图 2-2-1）。

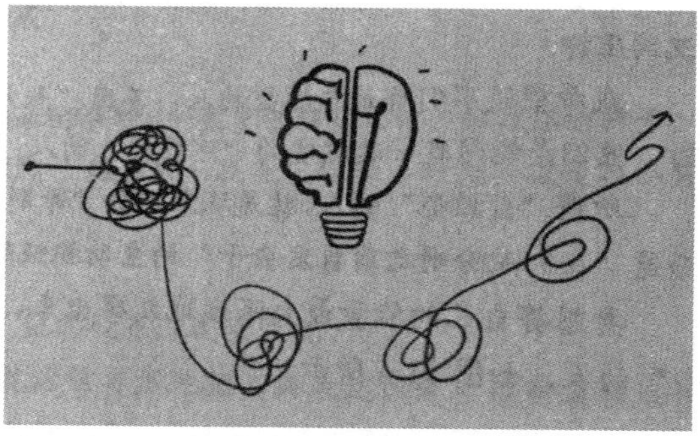

图 2-2-1　创新示意图

为什么创新性解决问题这么重要？我们将来会进入到不同的岗位、公司、行业、领域，会遇到不同的难题和挑战。技术创新、服务创新、商业模式创新，这些都会在工作生活中应用到，它们背后都有一个共性的创新思维，这个共性的创新，思维可以用设计思维来抽象总结，回到用户那里，洞察用户最本质的需求，头脑风暴众多想法，快速形成产品原型，快速试错，快速迭化，循环往复，直到探索出一条创新之路。

创新思维在教我们什么？它是在教我们一套创新性解决问题的方法。

想要解决问题首先要找到真正的问题，那么怎样才能找到真正的问题呢？设计思维教我们以人为本，把与这个难题相关的人都称作用户的话，就从理解这些用户开始。举个例子，一位年轻的先生交了女朋友，女朋友想要买包，此时不妨把女朋友当成用户，来看一下她真正的需求。她买包的真正诉求是什么？是用来装电脑还是用来带午饭？看起来都不像。这个诉求是在背后的，比如从小被别人看不起，现在想通过包获得满足感和安全感。那买包能满足她这个需求吗？能解决她的问题吗？明显不能，市场还会有更贵的包出来，她又不淡定了，又或者她从上到下都可以是名牌，但还是不自信，感到自卑。用户以为自己有了包就会幸福，就能解决问题了，但真实情况是用户以为的需求、以为的解决方案，其实并不是自己的真正需求，也不能解决问题。如果女朋友真实的需求是获得满足感和安全感，那么解决方案是其他的方法，比如通过学习提升自己，通过做有意义的事情让自己感到有价值，通过心理辅导修复内心创伤，建立安全感等，这些才是走在正确的方向上。

同样，在工作和生活中，在和老板、领导、同事、客户、父母、朋友等的交往中，去认真倾听和体会，找到他们真正的需求，采取相应的措施，就可以真正地解决问题，成为一个创新者。

（一）创新思维是保持创新源动力的发动机

我们所处的时代是多元的、交互的，新事物、新物种层出不穷，每天都有公司倒闭，新公司诞生。

创新能力是为未来做好准备的重要能力。可是平时很多人会说我根本不会、也不可能创新。老板会说，我的员工没有创造力，老师会说，我的学生没有创造力。真的是这样吗？真实情况是生而为人，每个人都是有创造力的，但是很多人却看不到。

这是因为很多人都被各种各样的评判质疑、条条框框给限制住了，开始是被外界限制，后来就会自己限制自己，久而久之就不再敢尝试了。因为尝试创新就意味着做他人没有做过的事，就意味着会失败，会碰壁，会犯错。害怕犯错就没有办法创新，而如果我们想要去打破条条框框，想要创新，该怎么做呢？创新思维的创新流程和思维方式，就像一个创新发动机一样，它会带给我们动力，帮我们建立犯错免疫力，使我们不再害怕犯错和失败，只要持续不断地使用和练习，就可以保持创新的原动力，而不用过多关注周围的质疑，这种动力还会带动周围的人和团队。

（二）创新思维能力可以帮助我们在市场中找到方向

2020 年突发的新冠疫情打乱了所有人的计划，甚至让整个世界发生了变化。而对突变，企业焦虑了，学校也焦虑了。这是为什么呢？这是因为焦虑是对未知或未来的事情失去了把控，失去了把控就没有了安全感。

谁都不可能预测未来会发生什么，在这种情况之下，如果我们有这样一套系统的思维方法，使得不管发生什么，不管市场怎么变，我们都知道该怎么应对，那是不是就不需要害怕、不需要焦虑和恐慌了？就像 GPS 在手，走到哪里我们也不用恐慌，只要按照既定的方向，按照创新的方法去做就好了。

创新思维就是这样一套让人们在变化中寻找道路的方法，帮助人们进行思维升级，培养人们的多维度思维方式，使人们在解决问题时，不再只是从单一的维度，或者只是从一个角度，甚至只是从自己的角度去思考问题的解决之道。一旦应用了创新思维，人们便可以更多地同客户共情、同市场共情，同多元思维共情、同整个世界共情，包括同自己共情，一旦掌握了创新思维，我们再看问题、再解决问题的时候，就会比没有掌握创新思维之前高明很多。

在美国硅谷，以设计思维为代表的创新思维应用，已被很多的公司、机构甚至是斯坦福、哈佛这样的世界名校所证实。比如 IBM 和微软的创新转型，谷歌的创新冲刺，都是以设计思维为核心，苹果公司更是把设计思维用到极致的典范。

二、创业的内涵

（一）广义的创业

创业既是做成一件事，也是一种精神一创业精神或企业家精神。说到创业，一般人想到的都是开公司，做产品研发，卖产品，做投资，公司上市，等等，这确实是创业，也是很多老师和学生们创业项目的努力方向，但更广义的创业，既是指做成一件事，也是指一种精神，我们称之为创业精神或企业家精神。

广义的创业，是带领团队克服困难、解决难题，把一个复杂项目完成的过程。这个项目会给社区、社会产生正向的影响力。广义的创业，可以包括很多，比如建立一个学习俱乐部，主持一个栏目，打理一个视频号，策划一次市场活动，完成部门业绩，创建一个品牌，当然也包括把公司做上市。在学校里，开设一个新的专业方向，做一个新项目、新课题，在一个新的班级打造班委会，这些都是创业。

（二）创业精神

在创业里，我们需要创业精神或企业家精神，因为这种精神是每个人都需要培养锻炼的，也是今后人们从事各种工作，进行各种人生规划所需要的。哈佛商学院创业研究领域教父霍华德·史蒂文森将“创业精神”定义为：追寻现有资源范围以外的机遇。“追寻”是指绝对专注的态度。创业者能察觉转瞬即逝的机遇，在有限时间内展现实力，吸引外部资源。“机遇”是指在以下一个或多个方面有所作为：推出创新产品；设计全新商业模式；改进已有产品，使其质更优、价更廉；发掘新客户群。“现有资源之外”是指突破资源限制。初创企业刚起步时，创始人只能掌控现有的人力、社会和财务资源。很多创业者主张自力更生，节衣缩食，万事不求人。有些新创企业可以仅凭一己之力生存下来，但为了长远发展，创始人必须设法引进生产设备、分销渠道、营运资本等外部资源。

三、大学生创新思维能力与创业的关系

创新思维能力与创业合并成为创新创业思维。创新创业思维就是指不受常规思维的限制，精准地把握发展机会，假如创新缺失，则创业无从说起。一者，创新思维的实质是不受原先传统思维模式的限制，勇于创新，深挖新的事物及思维

方法，更好地适应新的社会环境，其重点在于应用本身现有的经验积累及现代科学知识与思维能力，打破传统思维的限制，提出新的方法、思路，挖掘新的事物。二者，创业是指将自身积累的知识与人力资源最大化利用起来创造理想的社会政治经济与文化价值的心理过程。通过分析这些概念可知，创新与创业的概念应该基本上是有机的统一体。

创新、创业、创造技能相辅相成，密不可分（图 2-2-2）。在前面的阐述中，可以看到创新和创业重要性，创新、创业都是我们需要具备的技能。

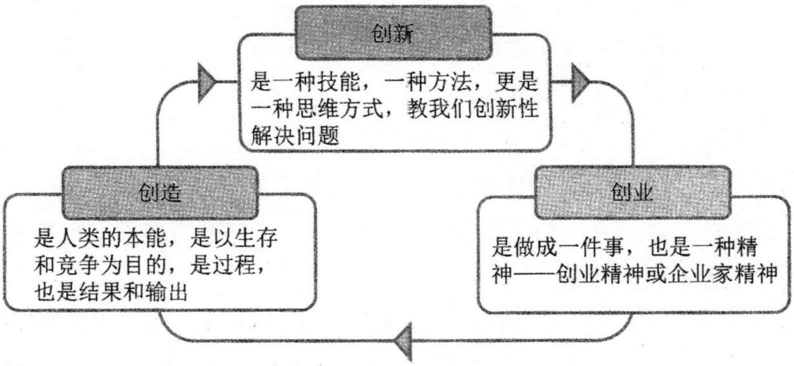

图 2-2-2　三创之间关系图

创新、创业、创造都是人类进步、社会发展的必要元素，从本质上讲，它们讲的是同一件事，从应用场景上讲，各有侧重，但却密不可分，相辅相成，互相促进，如图 2-2-3 所示。

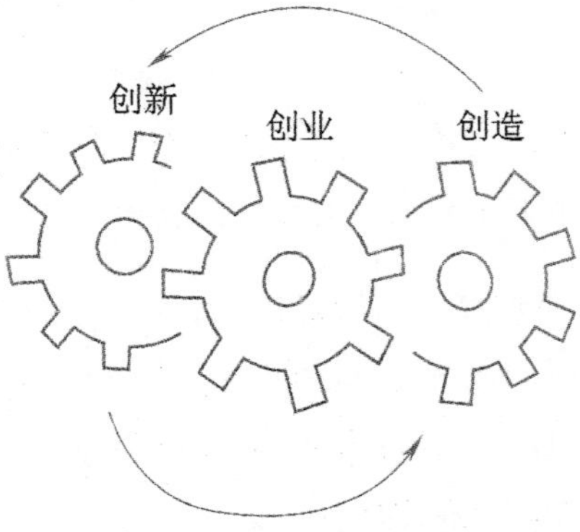

图 2-2-3　三创技能一体化融合

在创新思维的指导下，为了生存和竞争，人们创造出了新的技术、新的产品、新的需求、新的市场模式，这是一个创造的过程，也是创造的结果和输出。如何让这些新的技术、产品得以实施，保留下来，最后成为后续发展的基础设施，就需要通过公司形式让它快速进入市场，被市场所接受，再不断地乘胜追击，追求机会，把它放大、复制、量产规模化。放大的过程需要更多的人，需要专业化的团队，需要组织机构，同时需要资本、资源的导入，以获得更高的利润，最后上市，成为集团化公司，这就是创业的过程。在公司构架和提供的平台上，可以做更多的创新尝试，创造出更多的技术、产品、服务，带动社会的进步。通过这样循环往复、螺旋式提升的模式，人类社会才能不断地向前发展。

要想成为成功的创业者、企业家，就要明白这三者的关系，同时只有具备三创的技能，才能带领团队成功地活下来。明白了人类社会、商业发展的底层逻辑，就可以用掌握的创新方法去应对未知。

从某种意义上讲，各个企业都在创新，都需要创造出新的产品、新的服务、新的模式，而整个国家就是在创新、创造、创业中不断地发展壮大的。即使我们自己不是创业者，即使我们只是在国企、名企、高校等机构工作，也是需要创新、创业和创造的技能和精神的。

任何岗位的工作，都是常规工作和创新工作的融合。比如老师教一门课 10 年了，80% 可能都是常规工作，但还是有 20% 的创新空间，如图 2-2-4 所示。

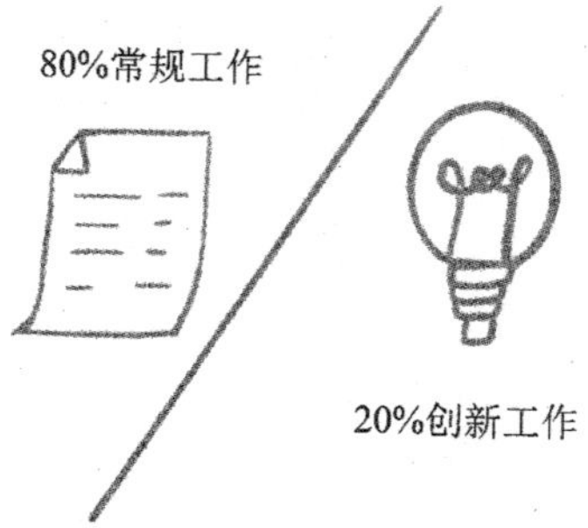

图 2-2-4　创新工作与常规工作关系图

常规工作变化少，有章可循，不容易出错，但创新工作没有先例，充满变数，失败和错误在所难免。创新工作和常规工作也是不停变化的，今天做的创新工作，可能经过了试错和完善，已经流程化了，以后就变成了常规工作，但没过多久，可能就又有了新的创新工作要做。

在常规工作中，也是可以创造出成果的。小到一个 PPT 的制作、热场活动的设计，大到服务流程、创造出新的用户需求。不妨回顾一下自己正在做的或以前做的工作，就会发现创新、创业、创造无处不在，在很多时候它们都融汇在一起，很难区分出来。也只有不断地创新、创业、创造，我们才能跟得上时代发展的步伐，才不会被高速发展的社会所淘汰。

四、提升大学生创新思维能力与创业的策略

创新、创业都是实践课。什么是实践课呢？骑自行车、游泳、开车、做饭，这些都是实践课。实践课必须通过动手去实战练习才能学会，只学书本、只听老师讲，是学不会的。如果想学游泳，不管看多少视频、记住多少理论和公式，背下来多少本书，不真正跳到游泳池扑腾起来是学不会的。学习，是两个动作，学+习，这两个动作都做了，才叫学习，才能学得会。读书、听老师讲是“学”的过程，而思考、练习、分享、实践、实习，这些都是“习”的过程，所以学习创新与创业离不开实践。创新与创业是在实践中体验酸甜苦辣，体验犯错、修正、再犯错、再修正，它是一个螺旋式上升过程。

大学生创新创业者最常遇到的就是要人没人，要钱没钱，要先例没先例，但正是这种有限制的外部条件，才激发出了创新创业者无限的创造力，逼得创新创业者必须要克服外部条件的限制。真正的创新创业者，是把外部限制当成机遇，而那些不敢创新创业的人则把外部限制当成借口。内部自我设限是创新创业者的天敌。

我们如何去突破外部限制，用好我们的创造本能和天赋呢？这里给出 6 条原则。

（一）开放心态，带着好奇心去尝试

要去掉类似“不行，我讲得不好，我还没准备好”“我干不了，别人会笑话我的”“我失败了怎么办”这些内在评判。开放的心态后而都带着好奇心：如果我们试了会看到什么呢？我们会学到什么呢？用户为什么会有那样的行为？不带有自己的评判，是带着天然的好奇心，去接纳，去延迟评判，如果我们能保持住这种好奇心，就会更加享受创新创业所带来的体验和风景。

（二）快速行动力，低成本试错

平时很多人想去做事、想去实践，但往往都是想得很多，却不敢开始尝试。经历过新产品开发的人都知道，一开始想了那么多，到真正做的时候却发现想得都不对，因此与其闭门造车，还不如先做起来再说。这里所讲的快速行动力是指快速低成本试错，在快速低成本试错的过程中才能知道真正的发展方向，因此大

学生创业者要勇于试错，在实践中发展。

（三）用手思考，快速迭代行动

作为大学生创业者，我们不要停留在一定要把事情想完美了，想万无一失了再去做，而是要向第二条所讲的那样要立刻开始行动。有人会问：如果还没想好该怎么办呢？没想好也要去做，做的过程中才知道哪个地方没想好，才知道应该怎么把有用的东西做出来，才知道应该怎么想。作为刚走出校园的大学生，我们刚脱离书本，非常容易眼高手低。我们平时用脑袋想得太多，而用手用得太少了，千万不要让大脑控制了我们的手，而不去行动！大学生要先用于做起来，而让大脑跟着去思考。

（四）建立犯错免疫力，从小失败开始

前面这三条都是在帮助我们建立犯错免疫力。从小到大，失败和犯错都是不被允许的，都是令人尴尬没有面子的，但是创新、创业、创造都注定会经历失败，如果大学生因为害怕失败而捆住了自己的手脚，那自然不会成功。

失败是成功之母，是我们的朋友，我们要想成功，就要用好犯错这个朋友。这里有一个方法，就是做小的尝试，低成本试错：在小失败中快速学习快速成长，在不断地试错过程中，提高尝试的成本，一点点建立起犯错免疫力。

（五）善于优势互补，兼容并包

未来的创新一定是属于那些善于接受听取别人意见的人。平时大家都喜欢同自己一样的人，而不喜欢同自己不一样的人，但是如果周围都是同自己一样的人，那就没有办法接受更多的、新的、不同的想法，有差异才能促进创新。因此，大学生作为天之骄子，也需要多听取别人的意见，再做自己的决定。

比如，在高校里博士毕业后，经常会有在一个不同的地方做博士后，或者去研究不同的专业方向，这就是在通过拓宽自己熟悉的领域，以保持不断地创新，保持不断有新的灵感和思维产生。

（六）打造创业团队，在挫折中成长

打造容错的环境。自己去进行创新、创业和创造比较困难，但如果大学生有团队，大学生团队成员一起去努力就更容易成功。团队本身要有差异性，如果是科技企业不要都是工程师，要有不同领域、不同专业的学生，比如要有心理学专业、市场营销专业、人文专业，组织不同专业的大学生共同创业。这样的团队能

够更好地理解市场上用户的需求。

团队要能够容忍犯错，打造容错的环境。这一点说起来容易做起来难。团队领导看到团队成员做错事，一定要忍住去修正他们错误的冲动，大学生创业者要把握大方向，具体事情要让团队成员自己摸索，有自己犯错和提升的空间。如果自己是底层员工，那么最好能够找到一个包容的团队，允许我们去犯错，这样我们才敢去尝试，才能成长。

综上所述，创新思维能力与创业实践侧重知行合一，如果只是知道字面上的意思，那是绝对不够的，只有体现在行动上，才能真正掌握创新思维能力与创业的技能。

第三节　创业机会与创业能力的关系

创业，是创立基业、开创事业的意思，是创新的实践性应用。创业是一个个体寻求机会进行价值创造的过程，因此，最佳的创业，是创新活动的延伸，是投入地做自己喜欢的事情的一个自然而然的结果。没有建立在创新基础上的创业行为，很难走得长远。

一、创业机会

（一）创新机会的内涵

1. 创业机会的概念

创业机会是指在经济活动中形成的和产生的一种有利于企业经营成功的因素，是一种能被经营者认识到和利用起来的契机。这种契机具有偶然性，但其可以产生较为持久的经营活动，为消费者带来新产品、新服务、新的业务流程、新价值，或者是创造出新的市场、新的材料。同时，这种契机可以为创业者带来回报或者实现其创业的目标。

换句话说，通常会存在一定模糊的市场需求和一定的资源能力（研究人员称之为原初形态），在创业者的努力或者某些环境因素的作用下，使得市场需求变得更加明确，从而将资源能力变为产品或者服务，并促使供需双方进行交易的这种可能事件发生的过程就是创业，这些可能事件就是创业机会。

2. 创业机会的特点

（1）可测量且有边界

一个可控的创业机会首先应是可以量化的并能被测量的，这样才能有明确的创业目标；其次是创业机会是在创业者能力所及的领域才有可能被创业者发现和掌控。

（2）可拓展（创新）但有风险

一个好的创业机会应该是有生命力的，可以不断拓展的，或者说是可以通过创新不断发展的；但创业者要时刻意识到一个事实，拓展后的创业机会可能会因为边界的扩大而进入一个新的领域或区域，这会引入新的活力，但也会带来未知风险。

（3）有竞争并有时效

市场是个动态的环境，既有已有的从业者在开疆拓土，更有大批的新入者在奋力争夺市场份额；同时，市场的需求也在不断发生着变化，可能因为某个政策的调整，某种材料的引入，市场的需求会随之变化。创业者必须充分认识到这一点，一个现在看起来比较好的创业机会，会在一段时间后变得不好，因此要时刻对市场的变化保持警惕，适时对战略和战术做出调整，以适应市场的变化。

（4）不易觉察且难以抓住

创业者应在熟知的领域内去发掘机会，只有这样才能凭借积累先于他人觉察到机会，并能借助积累抓住机会。创业者亦应尽力拓宽眼界，累积主业外的各种知识，以期可以觉察到跨界的创业机会并能迅速组织资源来抓住机会。

3. 创业机会的在创业中的角色和地位

创业机会在创业过程中扮演着极其重要的角色，或者说是处于极为重要的地位，某些学者为此构建的创业研究框架指出，创业机会是创业领域的核心问题，是整个创业过程的起始阶段，其焦点是“为什么，什么时候，通过何种方式，是一些人而不是其他人发现和利用创业机会”

创业机会对创业初期的资源组织方式、团队成员角色分工乃至未来影响企业发展的企业文化的形成都有着决定性的作用。

创业机会是客观的存在，创业者必须以积极的态度，主动地调集并整合各种资源去匹配创业机会，唯有此才可能从创业的过程中获利并存活下来，最终形成有战斗力的团队，以期取得更大的成功。

俗话说，良好的开端是成功的一半。能够识别并抓住一个好的创业机会，是取得创业成功的基石，是一个好的开始。

（二）当前大学生的创业机会与挑战

1. 大学生创业的背景

自党的十八大以来，国务院多次强调要高度重视大学生创业问题。加强大学生创业教育能够引导大学生熟悉创业流程与模式，通过鼓励创业带动就业，增加就业机会，缓解大学生就业难问题。当前，政府为了缓解大学生创业压力，出台了很多创业优惠政策，鼓励大学生积极创业。但实际上，大学生毕业以后决定创业的人数依然很少，原因在于创业并非易事，仍面对很多困难，需要高校在开展创业教育的过程中将创业活动作为重要内容，帮助大学生学会从容应对各项创业问题。

从2002年开始，国家为了解决大学生就业问题，开始鼓励大学生创业，并且对其开展创新创业教育。时至今日，大学生创业已经获得长足发展。

（1）国家优惠政策的保障

我国目前的创业环境已经发生改变，政府出台诸多支持大学生创业的政策，并制定“大众创业、万众创新”的发展战略，从税收、融资以及注册等多个方面为大学生提供优惠政策。

（2）创业教育的日益完善

目前我国经济结构已经进入转型期，且消费结构也在不断优化。在信息化时代，大学生创业具备更强的创新性。在大学生创业教育得到进一步完善的情况下，高校专门组建创业教育团队，通过理论与实践结合方式，为大学生营造创业实践机会。在创业教育内容逐渐丰富且创业活动实践性逐渐增强的情况下，大学生基本掌握了创业流程，创业能力也得到逐渐提升。

（3）个人创业热情高涨

在政策推动下，高校更加重视大学生创新创业教育，而大学生也逐渐产生创业热情，在创业方面的意愿也更加强烈。目前选择自主创业的毕业生人数在逐年增加。

2. 大学生面临的创业机会

（1）大众创业、万众创新

从国家层面看，创业既可以扩大就业、增加居民收入，又有利于促进社会纵向流动和公平正义。具体到个人，当前整个国家所倡导的创业文化不仅仅是创造财富，而是希望人们在投身创业的过程中获得个人价值的实现。

（2）科技进步的社会背景

随着互联网的飞速发展、国家产业结构的升级，知识在企业中的分量越来越重，投入资金的成本相对减少，同时交易成本下降，另外，信息资源越来越透明和易于分享，使得硬件阻力变少，让善于学习和接受新鲜事物的大学生有了更多的机会创业。在全国大学生创业服务网上，可以看到推荐靠前的大学生创业项目大多是高科技项目，尤其是“互联网 +”的项目。

（3）平台建设和优惠政策

各级政府为了鼓励大学生创业，纷纷出台了相应的优惠政策，包括政策、资金、税收、贷款等各方面措施。国家税务总局也发布了《“大众创业万众创新”税收优惠政策引导》。截至 2017 年 3 月，国家针对创业创新的主要环节和关键领域陆续推出了 77 项税收优惠政策，促进“大众创业万众创新”落到实处。

3. 大学生面临的创业挑战

（1）社会资源匮乏，缺乏创业支持

根据迪蒙斯创业过程模型理论，创业的核心要素是创业机会，也是创业成功的重要基础。创业者需要具备足够的社会资源和创业机会，并且能够全面评估创业条件，这样才能够获得创业成功。但目前很多大学生创业者在面临信息获取渠道单一问题，导致其无法准确识别创业机会。首先，很多大学生在创业之前自身并没有创业经验，且所掌握的创业技能也不足。这种情况导致创业者无法识别创业市场信息，更无法把握住创业机会。创业能力是影响创业者整理和收集创业信息的重要技能，创业者如果无法准确解读市场中的创业信息，必然会导致自身丧失最佳创业机会。而不具备创业经验则会导致大学生难以适应市场变化，更加无法掌握市场规律，即便是某些创业机会具备一定商业价值，但大学生因为缺乏警觉性，也会误入创业陷阱，最终导致创业失败。其次，当前创业方面的社会资源还处于匮乏状态，很多创业项目虽然能设立但落实起来比较困难。社会资源是创业者的重要市场机会，在无法获取信息资源优势的情况下，创业项目社会资源出现同质化现象，导致募集资金困难，使得大学生创业项目难以维持。

（2）人才类型重叠，缺乏管理经验

一方面，成员同质化较为严重，缺乏互补型人才。大学生创业团队大多数是由普通的在校生组成，人员选择多以性格、兴趣、专业作为标准，成员之间由于太相似难以形成优势互补，容易造成团队考虑问题不全面，对创业项目了解单一甚至错位，不利于团队的健康发展和扩张壮大。与此同时，人才重叠也是大学生创业面临的主要问题。比如，团队虽然拥有较多的科研和技术人才，但缺少销售、设计、财务和管理方面的人才。另一方面，当代大学生在学校期间所掌握的知识多为本专业知识，其并未积累丰富管理经验，在经济实力以及心理素质方面都呈现出明显不足，创业期间可能会因为无法有效预测市场风险而产生管理压力。企业建设期间，作为企业的经营者，其需要具备足够的管理经验，才能够带领团队处理各项工作事务并完成管理决策。但大学生缺乏足够的管理经验，且在学校学习的知识更偏向于理论，导致其存在管理实践缺陷，不利于创业。

（3）创业资金匮乏，缺少政策支持

虽然当代大学生接受了创业教育，具有创业意识，并且很多大学生已经开始创业行动，但实际上，并不是所有大学生都拥有良好的家庭经济条件，在创业时能够有足够的资金支持。不少大学生在创业初期仅仅是拥有创业意愿，但其自身的资金积累并不充足。而高校虽然鼓励大学生创业，但因为自身办学经费受限，无法从专项资金中为创业学生提供足够的资金支持。而除高校这一资金获取途径外，大学生创业主要以商业融资手段为主。一方面，在常规商业融资中，投资机构很难衡量大学生的信用等级，导致其在授信期间保持谨慎态度，不会轻易为大学生提供贷款。而大学生在创业初期受到自身经历以及眼界的限制，选择的创业项目也缺乏闪光点来吸引投资人，导致大部分学生都无法在风险投资者方面获取资金。如此一来，无论是银行、典当融资还是融资租赁等方式都无法为大学生创业者提供足够的资金支持，导致大学生的创业发展受到资金限制。除融资渠道受限导致的创业资金匮乏问题外，大部分大学生在创业过程中都没有得到明确的政策支持。尽管政府已经出台相关财税政策来鼓励大学生创业，但在实际政策落实期间，政府所出台的政策处于同一标准水平下，并未因区域经济水平的不同而做出调整。而大学生创业的相关政策资金也并非专项资金，多出自财政支出，一旦政府的财政收入降低，大学生创业资金数额也会随之减少。政府方面所出台的政策中并未包含大学生创业融资渠道拓展方面的内容，这导致大学生创业的信用程度不足，即便能够从金融机构获取资金，也因为借贷周期比较短而承担较大的负债压力。长期面临该种情况，即便是大学生能够察觉到市场中的发展机会，也并不敢贸然决策，导致企业发展错失良机。

（4）个人经验不足，缺少实践经验

大学生在创业初期可能只是一腔热血，但在实际的创业中却可能遇到各种问题，下面是几种由于经验不足而产生的问题。

①风险意识薄弱

有的大学生只是单纯觉得创业是一件很酷的事情，就选择投入创业，但是并没有做风险评估，对创业的艰难、市场的残酷、创业的复杂性没有足够的认识，对有关经营企业的知识技能（如财务、营销和管理等）的了解也只停留在理论阶段，对于企业运营更是缺乏实战经验。遇到挫折，很容易一蹶不振，不仅给个人，还给家庭造成了很大的压力和损失。

②自身准备不足

受自身经验少、资金不足等条件限制，大学生普遍比较青睐投资少、见效快、技术含量比较低的行业，但是这类行业普遍市场前景不佳、生命力不强，如外卖、食品店等项目，虽然有所创新，但是盈利模式不明显。

二、大学生必备的创业能力

创业能力的构建应始终与大学生的基本学情相适应，以此为基础充分对市场需求以及现阶段创业中的问题进行分析，最终形成具体的理论系统，完成体系构建的目标。创业能力具体包括：

（一）机会识别能力

具有市场判断力，才能把握市场供需关系和方向，只有顺势而为，方可成就创业梦想。如果只看到市场未来的前景，但时机尚不成熟，贸然开始创业，则可能会导致创业受挫，甚至创业失败。因此，对创业时机的把握需要对市场有相对全面准确地判断，对自身和创业团队有一个相对深刻的认识，洞悉创业风险，摸清各种可以利用的资源，客观地分析当前具体形势，全方位把握最佳时机入场，不要为创业而创业。创业者机会识别能力决定了创业时机的适宜性，对创业成功起着先决作用。

（二）创新能力

面对市场动态的变化，所有的创业者必须具备创新精神与创造能力。创新才能发展，创新才有出路。作为自主创业者，更需要敢于打破常规，突破有限资源和资金的限制，充分发挥创造性思维、创造性想象，捕捉灵感，革新思路，走出自己成功的创业之路。

（三）资源整合能力

所谓创业资源整合，就是指创业者在创业过程中发现并科学利用与自身创业项目相关资源的过程。这需要创业者在创业过程中对项目所处的市场环境与需求关系建立起清晰且深刻的认识，以此做到快速发现与满足项目需求的资源，从中找到合适的切入点，完成对资源的整合以及后续的利用工作。通过这种方式把身边的资源进行整理并归类，进而发挥资源的杠杆效应，用一种资源补足另一种资源，产生更高的复合价值；或者利用一种资源撬动和获取其他资源。

（四）经营管理能力

创业并非短期的过程，而是一个长期的、始终处于发展期的事件，所以大学生要想投身于创业浪潮之中，就必须具备对创业项目与创业团队进行经营和管理的能力，才能使项目始终与市场接轨，从而得到长期的盈利和可观的发展前景。通常来说，组织管理的核心主要在于：对组织或企业进行规划，确立目标；根据目标特点、企业现状、市场环境等，组建团队，明确权责利；考核与激励具备以上体系中的基础能力，大学生的创业道路才会更加平坦与畅通。

三、创业者资本、能力与创业机会之间的关系

（一）创业者社会资本与创业机会的关系

从机会发现观来看，外部客观因素会成为识别创业机会的源头，由于受社会地位和职权等多种因素影响，创业者初期获得的资源与其外部社会资本息息相关，创业者社会地位越高，其更可能获取金字塔顶端优质的信息和资源，而这些信息和资源经过创业者大脑的深度加工，成为创业者头脑中的创意，这将提升创业者的创造性以及其对机会相关知识的理解，从而最终提升机会识别的概率，因此，嵌入创业者外部社会资本中的网络资源越多，其获取优质和异质资源的可能性越大，越有利于创业者识别机会。同样，在外部社会网络的规模越大、所嵌入的社会资源越多的情况下，资源搜寻和获取的成本被大大降低，广泛的人际交往不仅提高了创业者获取信息的异质性，更提高了创业者辨别机会的能力，庞大的网络规模带来的丰富社会资本在一定程度上提高了信息和资源获取的速度和质量，而创业过程本身就是资源不断整合和利用的过程，创业者获取的信息和资源越多也就意味着创业者更有可能识别越多的创业机会。

虽然社会资本非常重要，但已有文献在对其网络强度的探讨中却存在不同的观点。基于弱连带结构洞理论，认为创业者通过弱关系来进行信息的收集与扩散，这些弱关系形成的社会网络因其内聚性较低的特性，较易形成网络结构洞，这将为创业者带来大量异质信息，这些异质信息将有利于创业者进行机会识别。但与上述观点相悖的是，强连带优势理论则认为，一方面，强关系能够为创业者提供战略机会和资源，创业者关系网中的强关系越多，其获取信息和资源的方式越便

捷，其捕获和初筛信息的效率越高，越有利于创业者获取优质信息和资源，那么创业者识别机会就越多。另一方面，强关系还有助于形成信任和互惠，这也有效确保了资源、机会获取的长期性和稳定性。基于以上两种相悖的观点，后续学者经过进一步的研究发现，在中国情境下，家人、亲戚、好朋友等强关系对创业机会识别有重要作用，创业者所嵌入的网络密度越大越有利于发现创业机会。

（二）创业者的能力与创业机会关系

创业成功的关键条件之一就是创业者能力，创业者不同的技能和素质，常常会产生千差万别的创业结果。机会创造派认为，创业者能力在创业者从社会资本中识别创业机会发挥非常重要的作用。它不仅能有效应对创业者外部社会资本的动态性，处理不断变化的复杂环境，而且其是内生机会产生的动力源泉。基于机会创造观，创业机会得益于创业者凭借自身对机会感知能力的主观建构，源于创业者内心世界的表达与诉求，其是创业者改变世界能力的一个缩影。学者曾提出认知特性与信息渠道是创业机会识别中两个极其重要的因素，而创业者的关系能力与整合能力恰恰与信息渠道密切相关。众所周知，创业者在创业初期所拥有的资源是相对匮乏且杂乱无章的，以资金为代表的有形资源和以信任、价值信息共享渠道为代表的无形资源的获得均离不开多方力量的支持，而良好的关系会帮助创业者快速丰富人脉，借力打力，通过交情不断拓展信息渠道的广度，整合能力则能够对渠道信息进行有效的加工，提炼渠道中优质的信息和资源，促使有限的资源得到充分地利用，丰富了创业者的资源整合经验，在一定程度上有利于机会的识别。

（三）创业者社会资本、能力的整合与创业机会的关系

1. 创业者关系能力与社会资本的获取

基于社会资本理论，社会资本的积累需要通过人与人之间关系的确立以及利益的纠葛才能出现，社会资本是嵌入社会网络中的资源，能够通过创业者一定的能力来获取，而关系能力作为一种人际交往能力，是社会资本获取的基础。一方面，其能够强化创业者与其他外部组织打交道的能力，在人际交往中获得外部组织或团体的支持，形成关系双方的信任与互惠，实现从资源所有者那里吸取一定的知识与资源，从而达到拓展外部社会资本的效果。另一方面，有较强关系能力的创业者还可以在市场活动中开辟新的合作者或新的市场，拓宽外部关系网络的规模与渠道，通过交情行为和人脉建立获得更多异质和有价值的信息，同时为创

业积累更为丰富的资源。因此，可以说创业者的关系能力决定了创业者社会资本的广度，并带来了大量的信息和资源。

2. 创业者整合能力与外部社会资本的利用

创业者整合能力是创业者在协调人、事、物的过程中所展现出来的一种能力，其在外部社会网络关系对创业机会识别的影响过程中具有关键的作用。例如，先前已有学者认为，创业机会识别的两个决定因素，一是信息渠道，二是认知特性，其中高质量信息的获取就依赖于创业者对外部社会资本中关系的整合。基于动态能力理论，独特的资源与配置这些资源的方式都可以产生机会识别的能力，同时也需要创业者获取并理解与现有情景相关的价值信息，以及需要创业者能够有效整合相关资源，主动创造与机会相关的信息。整合能力强的创业者能够有效地整合外部社会资本中的不同信息，准确地把握其蕴含的商业价值，并使有价值的异质信息相互组合，达到 1+1 ＞ 2 的效果，促使创业者对现有信息理解得更加透彻，从而最终产生新奇的创业想法并成功识别机会。因此，从这个角度而言，在识别创业机会的过程中，创业者的整合能力决定了外部社会资本的深度，其是外部社会网络资源转化为创业资源与创业知识的关键。

第四节　大学生创业方法与途径探索

一、大学生常见的创业方法

（一）SYB 创业十步法

依次为:（1）衡量自己是否适合创办企业;（2）建立一个好的企业构思;（3）评估自己的市场;（4）企业的人员组织;（5）选择自己的企业法律形态;（6）企业的法律环境和责任;（7）预测自己的启动资金;（8）制定自己的利润计划;（9）判断自己的企业能否生存;（10）创办自己的企业。

SYB 是联合国国际劳工组织为了促进创业而组织的创业培训，重点在于以解决就业为目的的创业，而非创新型创业。在移动互联网时代，能够改变人们生活、为世界带来根本改变的，是创新型创业。因此 SYB 十步法主要是创业所需做的一些基本事项，但对如何通过创新来形成具有竞争力的商业模式等方面却未当成重点。从国家创新驱动发展战略角度来讲，SYB 创业十步法无法满足创新型创业的方法论需求，如图 2-4-1 所示。

图 2-4-1　SYB 创业十步法

说明了 SYB 创业十步法只是告诉学生需要做哪些事，但却没有帮助学生理出创业核心竞争力构建的逻辑思路。学生学的是“知识”，而不是“理解 / 观察”。

（二）MIT（麻省理工学院）创业 24 步法

24 个创业步骤彼此独立，但大致可以分为以下 6 个主题：（1）我们的客户是谁？（2）我们能为客户提供什么？（3）客户怎样购买我们的产品（4）如何通过产品赚钱？（5）如何设计和开发产品？（6）如何让业务规模化发展？

具体的 24 步包括：第 1 步市场细分；第 2 步选择切入点市场；第 3 步明晰最终用户特征；第 4 步估算切入点市场规模；第 5 步刻画切入点市场用户模型；第 6 步产品的全生命周期使用案例；第 7 步产品的核心规格；第 8 步量化价值定位；第 9 步识别 10 位早期客户；第 10 步定义自己的核心竞争力；第 11 步形象化展示竞争地位；第 12 步明确客户的决策团队；第 13 步绘制获取付费客户的流程；第 14 步估算后续市场的规模；第 15 步设计商业模式；第 16 步确定定价策略；第 17 估算客户终身价值；第 18 步绘制销售流程图；第 19 步估算客户获取成本；第 20 步识别关键假设条件；第 21 步测试关键假设条件；第 22 步定义客户最可能购买的基本产品；第 23 步验证客户付费意愿；第 24 步设计产品方案。

MIT 创业 24 步法的特点是：着眼于技术创新的产品，从客户需求出发，设计具有竞争力的商业模式，是比较全面的创业步法。不过，对于广大初涉创业的青年人而言，24 步法有些过于烦琐，各步之间的逻辑关系难以快速把握，不易消化。

（三）AG 六步创业法

AG 六步创业法是硅谷中国跨境天使平台（简称 AG）创始人詹朋朋博士在长期从事创业孵化投资过程中总结出来的，致力于帮助创业者快速构建新时代背景下的创新型创业框架的简化工具，帮助学生理出创业核心竞争力构建的逻辑思路。学生通过案例学习，获得理解和洞察，以指导行动，并将知识转化为技能，以指导行动。具体体现为 AG 六步创业沙盘，如图 2-4-2 所示。通过 AG 六步创业沙盘可以看出，AG 六步创业法不同于 SYB 创业十步法，前者从创新型创业出发，从市场痛点出发，寻找创新的解决方案，并充分考虑核心竞争力的构建，因为核心竞争力是新时代创业必须考虑的，任何好的科技产品或商业模式，如果不能形成持久的核心竞争力，都难以在激烈的市场竞争中脱颖而出。

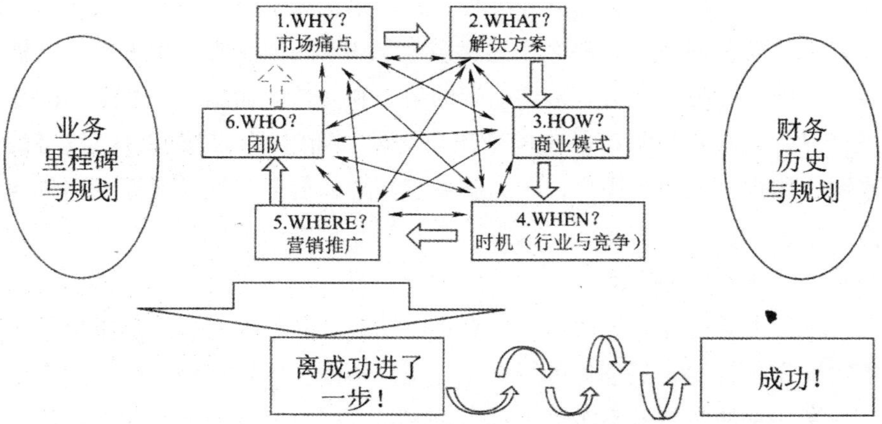

图 2-4-2　AG 六步创业沙盘

与 MIT 创业 24 步法相比，AG 六步创业法比较简明，各步之间的逻辑关系比较明确。当然，MIT 创业 24 步法中的大部分内容，也融合在了 AG 六步创业法中，只不过是将一些内容整合为一步而已。AG 六步创业法之所以精简为六步，是因为六步相对来讲比较好记，其做法是先把大的框架画出来，把可归类的归类，然后在具体分析时再展开每一步中的内容。

（四）精益创业

1. 什么是精益创业

精益创业是由美国硅谷创业家埃里克 · 莱斯 2012 年在其著作《精益创业：新创企业的成长思维》中首度提出。所谓精益创业，即先在市场中投入一个极简原型产品，然后通过不断学习和用户反馈，对产品进行优化迭代，以期更好地适应市场。迭代和最小可行性产品是其两大支柱，它的基础是持续试错。精益创业的创业过程是按照想法——开发——产品——测试——衡量——数据——学习——新想法的循环往复来推进的，不断迭代优化产品满足用户需求，以最小的成本和有效的方法验证产品的真实市场需求。这种创业模式的核心在于用户反馈。

2. 传统创业与精益创业的区别

当前高校讲授的传统的创业方法是：新创企业在进入市场以前，创业者先有一个创业想法，然后撰写商业计划书，进行市场调研，形成商业模式和产品概念，然后组建团队进行产品研发，通过测试，最后使用全力把产品销售出去，其模型是：市场调研——产品概念——产品开发——测试——投放市场。这种模型被称之为“火箭发射式”。它是假设用户需求和解决方案已知的情况下，着力于秘密产品开发，一次性投入市场的创业过程。其结果像火箭发射一样，要么获得巨大成功，要么没有任何反应，要么中途惨败。从 1% 的创业成功率来看，这种大概率失败的可能性极高，严重打击创业者的信心和激情。而精益创业采用的是开放性研发产品，以最小可行产品来验证用户需求，通过用户反馈来反复迭代产品，创意来源于用户，反馈于用户，产品服务于用户的创业过程，从而找到创业的真正价值。

3. 精益创业思维方法论

精益创业主要是在“为用户打造真正需要的产品”这一思维的指导下，综合采用经过证实的认知、最小化可行产品、用户画像、用户行为分析、用户使用场景、客户访谈框架、精益画布等工具，对产品进行反复验证、优化、迭代，推动创业项目不断向前发展，使创新永远在路上。

二、疫情背景下拓展大学生创业方法的途径

（一）专业教师团队加大对大学生创业的辅导和培训

特殊时期，老师对大学生的影响非常关键，能有效帮助学生建立起创业的信心和克服困难的勇气。疫情是全球都在面临的共同难题，老师应跟大学生保持沟通交流，通过鼓励、引导和专业辅导的方式让大学生保持创业信心。学校应就毕业大学生创业的情况组建专业的教师团队，分组对计划创业的大学进行专业的培训和辅导。首先，对大学生的生活状况、心理状况进行关心交流，让学生清楚地知道尽管大环境不好，但是创新创业的发展机会一直都存在，越是困难的时候越

奋勇而上，机会总是留给有准备的人，让学生保持住对创业的坚定信念并加强专业知识的学习，为更好地发展做准备。其次，尽管疫情期间正常的创业活动受到了很多限制，但是很多工作内容可以正常开展。比如，线上调研分析、视频会议、语音会议、头脑风暴沟通交流新的创业想法和方向等。在此过程中，老师应充分给予学生专业的指导和帮助，尽可能地让学生在疫情期间也能进行创业工作。第三，老师应该制定计划，定期、有目的地对学生进行创业的专业知识培训，有效帮助学生在疫情期间利用有限的时间学习创业方面的知识，以便在未来赢得更多的发展机会，增加创业成功率。

（二）整合资源争取更多优质创业机会

疫情对社会的综合发展确实造成了影响，但新的机会和商机也在不断涌现。高校作为社会发展的重要机构，对于优秀资源的争取有很大优势，在大学生创业方面，学校应整合有效资源，努力向外部争取更多的发展机会和合作契机，为学生的创业寻求有用的资源平台。老师应根据学生创业的方向和规划，帮助寻找合适的投资企业或者是合作公司，企业为学生创业团队提供资金和机会支持，学生创业团队为企业进行专业技能的输出，发挥各自的优势取得更大的成果，实现双赢。有些在进行教学的同时往往还有专项课题研究，与不同企业保持长期的合作。疫情背景下，老师可以与创业团队搭建师生共同创业的项目，以老师合作项目带动学生创业项目的发展。一方面，教师能帮助学生减少疫情带来的不利影响，提高学生创业率。另一方面，对于企业来说，专业团队的进入能为企业带来新的思想和动力，有利于企业顺利克服疫情期间的不利因素，赢得新的发展。如果学生创业团队与企业之间达成有效合作，未来可以进行更深入的长期合作，这样的合作模式能有效地促进行业的发展和壮大。

（三）构建线上创业新模式

社会科技的迅速发展、互联网信息技术的普及以及线上平台的快速发展，线上创业也逐渐成为现代创业的主流方式之一。疫情影响下，大学生创业平台运营受冲击，很多平台处于停止运营的状态。然而，短视频平台、三四线下电商平台、学生在线教育辅导平台、专业信息服务平台等类型的线上平台有很大需求，市场正在不断发展。老师应利用合理有效的资源帮助学生搭建相应的线上创业平台，让学生在疫情的影响下能开辟新的开发空间和机会，实现创业目标。线上创业平台作为新兴平台，学生对其了解程度还不充分，老师应组织专业的线上平台创业知识培训，就创业平台的内容、运营规模、发展方向、空间机会，以及在线上平台进行创业需要具备的综合技能和专业技能对创业学生进行培训。学校老师之间可以相互联动配合，不同老师对学生不同领域的知识进行辅导和培训，全面提升学生的综合素质和线上创业的竞争力，为学生赢得更多创新创业的机会。

（四）迎合国家政策，组建专业创业团队

疫情影响下，国家对于大学生创业就业的扶持力度也在加大。老师应根据本校学生的创业计划情况，结合国家扶持的方向和力度，组建创业的专业团队，最大程度利用国家政策帮助学生解决疫情期间创业的困难。国家对大学生创业的政策主要包括：一是大学生创业税收优惠，持人社部门核发就业创业证的高校毕业生，在毕业年度内，创办个体工商户、企业等组织进行创业，在一定限度内可以减扣应缴纳的营业税、城市维护建设税、教育费附加和个人所得税。这极大地降低了大学生创业的成本。二是国家对于大学生创业就业设有创业担保贷款和贴息，对符合条件自主创业的大学生，可在创业地按规定申请创业担保贷款，贷款额度根据创业规模、抗风险能力和行业而存在一定的差异。三是免收有关行政事业性收费，毕业 2 年以内的普通高校学生从事个体经营，除国家限制行业外的，自其在工商部门首次注册登记之日起 3 年内，免收管理类、登记类和证照类等有关行政事业性费用。符合条件的大学生应积极争取扶持促进创业。

（五）通过专业培训，帮助学生提高创业风险意识

学校的学习环境简单，加之大学生没有太多的社会经验，对外界的判断能力薄弱，容易受到他人思想的左右。疫情影响下，很多不法分子也看到了大学生社会经验不足、又希望创业成功的想法，从而设计不法行为骗取大学生的钱财。老师应就创业的发展规律、创业过程、创业难题进行专业的培训，让学生对创业有正确的认识，不急于求成，同时对社会上不法分子的骗术有一定的认识，增强抗风险的能力，避免被骗的情况出现。同时，老师应鼓励学生多关注创新创业相关的栏目，不断开阔眼界、积累创业方面的专业知识。鼓励学生多观看法律讲堂节目，以提高其风险意识，保证其自身权益。

三、开拓大学生创业途径的探索

（一）提高大学生自身创新创业技能

为了进一步提升大学生的创新创业精神，在高校教育的过程中，学校部门就

已经根据大学生创业的需求为大学生开展了相关的创新创业教育，同时也为大学生创业营造了一个良好的文化氛围，通过各种方式帮助大学生提升自身的创新创业精神。但是创新创业精神的养成并不能够只依赖于学校的教育，在接受教育的过程中，作为大学生也需要在日常的学习生活中不断提升自身的创新创业精神，关注社会经济需求，培养自身的创新创业技能。

1. 加强专业课知识的学习

在大学生创业的过程中，许多创新创业研究都指出，自身专业的行业知识、理论知识和优质的学习能力才是创业成功的基础。大学生如果想要提升自身创新的能力，首先离不开自身专业知识的储备和运用。一方面需要大学生在学校学习的时候加强对自己专业课理论知识的学习和储备，另一方面，在学习理论知识的同时还需要加强练习，提升对专业课知识的实践和运用能力，这样才能为今后自己的就业创业打下良好的基础。同时在大学里充斥着各种专业，大学生可以充分利用这种优势，合理打造自己的创业计划，有针对性地寻找各专业的学生、老师进行讨教，完善自己的创业知识库。

2. 充分利用多媒体信息资源

在当今信息化时代，大学生需要积极开展信息资源的查询和运用，通过杂志、自媒体、网站、电视等各种信息渠道为自己搜集相关创业资讯，同时，自己也要加强对信息的敏感度的提升，一方面可以通过各种信息资源充分了解社会经济、行业概况以及世界格局的发展，另一方面还可以从各种错综复杂的信息资源中发现创业的商机，另外，还可以从各种信息渠道了解国家及各地区的创业政策法规并综合各路信息为自己量身打造最适合自己的创业路径和创业知识库。综上所述，在信息高度发展的当下，大学生必须具备信息搜集能力和信息的判断整理能力。

3. 积极参与到学校的培训工作之中

各大高校在培养大学生创新创业能力期间基本都会针对创新创业中的问题聘请有创业经验和成功案例的教师或企业家进行关于创业的讲座或培训，并也会定期在校园内开设有关创业的课程，大学生应当好好利用学校的培训讲座资源，从这些实际案例和经验中汲取自身所需要的创业知识和经验，为自己今后的创业做好理论上和实践上的扎实准备。

（二）依靠互联网平台开拓创业途径

1. 搭建立体化的创新创业平台

平台的构建往往以网站、系统、应用程序等形式呈现出来，通过利用计算机技术、云数据处理技术，打造综合性网络平台，通常基础的网络架构以客户机/服务器模式、浏览器/服务器模式为主。C/S是直接由客户机和服务器构建的平台系统，是当前新兴的网络结构模式，通过客户端能够直接对接服务器，如当前手机上大量的App都是在该架构的基础上研发的；B/S模式则是建立在计算机浏览器、网页以及数据库的基础上打造的网络平台，如当前大部分的电脑网站都是以此架构为基础建立的。以此为依据，可以打造多种类型的创新创业平台，同时以满足学生的多样化需求为目的进行基础模块设计。

（1）在线学习模块

在线学习主要是通过在线课程实现创业知识与互联网专业知识的传递。在网络平台上，院校可以加入课程视频，通过前期录制上传或每天定时网络直播的方式来开展在线学习。同时，平台要配备充足的数据库，方便学生进行相关资源的下载以及重复浏览，这种方式最大的优势便是可以利用大数据本身的分析能力与整合能力，帮助学生快速地定位其创新创业的主要方向。另外，平台还可以通过对学生自身专业的分析，引导学生填写自身评价表格，并结合填写的内容，为其提供针对性的创新创业方向和具体的研发项目。这种模式不仅能够帮助学生积累一线经验，而且可以提升信息分享和交流的质量。

（2）创业实践模块

创新创业本身具有极强的实践性特点，院校在利用互联网打造创新创业平台的过程中，还需要为学生提供实践模块，这就需要打造创意数据库、举办创业大赛活动来提升学生的实践能力。例如，将创意库、案例库、校内外资源库、专家库以及创业大赛项目纳入其中，为学生提供可参考的典型案例和具体的实践途径，进一步打通学生与企业之间的沟通渠道，让相关专家给予学生专业指导，通过校内外资源体系的整合，将学生自身的创业想法转变为具体的创业行动。这一过程前期可以让学生在足不出户的情况下，直接了解社会发展态势与企业的实际岗位需求情况，并根据需求，拟定创新创业方案，借助平台的指导逐步落实，最终形成创业计划书，参与到区域内大学生创业联赛中。这种模式不仅能够帮助学生积累经验，而且可以促使创业活动真正落到实处，为后续的社会实践奠定基础。

（3）落地服务模块

当学生本身的创业项目逐步成熟后，学生便需要走出校园，走入社会，进行创业项目实践。但是，由于多种因素的影响，学生的创新创业会受到一定的限制，那么落地服务模块便需要为学生提供有效的支持，如某院校结合互联网搭建了多方沟通平台，设立了初创孵化项目以及天使投资人项目，直接对接创业者联盟并且以此为主体，确保大学生在创新创业的过程中能够获取相关资源和支撑，及时取长补短，加强学生与企业、社会之间的联系，获取更多的基础设施与资金支持，进一步降低学生创新创业的难度。

2. 落实学生心理素质培育工作

创新创业行为往往取决于大学生本身的主观意愿，但当前部分学生的创新创业积极性不高，心理承受能力和抗压能力有限，导致其在创新创业的过程中存在畏惧情绪和较大的心理压力。因此，院校必须有效落实学生心理素质培育工作。院校可以利用互联网为学生提供心理引导服务。例如，院校可以及时地开发校园内网，邀请专业人士以及专业机构入驻校园网络，并定期发布相关心理健康知识，为学生提供心理健康咨询通道。另外，院校还需要从创新创业角度对学生进行思想引导，如可以借助校园文化群、项目群、网络报纸、网络征文等方式，宣传前人成功的案例，让学生从中汲取经验；也可以邀请院校往届创业成功者来校开展讲座，对学生进行心理疏导，缓解学生焦虑情绪，进一步增强学生创新创业的自信心以及克服困难的勇气，培养学生面对逆境从容应对的精神，从而提升学生创新创业积极性。

3. 提升教师团队整体教学水平

互联网的高速发展，也对高校教师提出了更高的要求，即教师在掌握原有专业教学知识与教学科研能力的同时，还需要及时掌握各种先进的技能，才可以为学生提供更加专业的指导，满足新时代大学生的创新创业需求。而想要达成这一目标，一方面，院校可以借助互联网为教师制订针对性的能力提升计划，如通过网络为教师提供创业类、互联网类课程培训，让教师进一步掌握创新创业的相关理论知识与具体技能，并且作为知识传递的推动者，有效地落实好对学生群体的知识输出。另一方面，院校应为教师提供创新创业实践渠道，可以通过当前的模拟技术体系来完成这一任务。例如，当前在互联网产品领域已经诞生了大量以模拟经营为基准的项目，它们以游戏、测试、调研、沉浸式视频等方式存在，能够直接为参与者提供身临其境的体验。院校可以研发属于自身的沉浸式创业体验项目，让教师参与其中，进一步了解当前学生创新创业过程中面临的环境和困难，并以最终的营业利润作为评价依据，落实好教师培训考核。这样可以让教师结合实际情况为学生提供有效地引导和支撑，实现师生间的有效协作，进一步增强学生本身的创新创业能力，确保学生的创新创业活动顺利进行。

第三章　创业者与创业团队

本章针对创业者与创业团队展开论述，围绕四个方面进行阐释，依次为创业者概述、创业者的素质与必备能力、创业团队与创业者的关系、创业团队的组建与管理策略。

第一节　创业者概述

一、大学生创业者的共性

从创新、创造性到创业是一个落实和践行的过程，需要创业者从发散思维中回归，不断提高行动力。到底是什么样的人在创业呢？创业者具有哪些共同的特质呢？心理学家在创业者身上发现了一些共性：他们通常都追求企业组织之外的自主性，拥有较高的成就需求，内控性人格，对模糊状态比较能容忍，高风险偏好，拥有企业家性的自我概念。具体来说包括以下几个方面。

（一）强烈的创业意愿

强烈的创业意愿和决心是大学生创业者身上首要的特征。有了创业的意愿，并下定决心去创业才有可能成功。虽然每个人创业背后的动机不尽相同，但是强烈的创业意愿能够促成创业行为，直接影响创业结果。思考和推理是创业所应具备的能力，大家在平时学习中就要注意这方面能力的培养，一旦出现机会就可以有所行动。

（二）勇于承担风险

创业是一场机会和风险并存的冒险活动。大学生创业者要具备风险评估的能力，对可能遇到的困难有一定的预估，作为刚走出校园的学生，要锻炼自己拥有强大的心理承受能力，才能提高创业的成功率。

（三）有执行力、行动力

创业就是要行动。很多大学生的创业计划变为现实，靠的还是那股子韧劲和行动力。

（四）注重积累

创业是一个从无到有、从小到大的积累过程。作为大学生创业者，其创业方向离不开决定创业那一刻之前的人生积累，尤其是在学校学习到的专业知识和管理技巧，切忌自己闭门创业。

（五）强大的创业自我效能感

有强大的创业自我效能感是一个大学生创业者必备的素质，只有相信自己、热爱自己的产品才能说服优秀的伙伴加盟，才能忍受挫折，坚持下去。相信自己首先要认识自己，了解自己身上的闪光点，并且利用这种优势，发挥出最大的价值。

（六）关注价值

与企业中的员工相比，大学生创业者更关注价值的创造。这不仅是指创造经济价值，还包括创造社会价值。社会价值往往是推动个人实现创业梦想的原动力。

二、大学生创业者常见的创业误区与对策

（一）创业误区

1. 认为社交比自身能力更重要

社交是多数大学生创业者十分看重的事情，有时甚至在个人意识形态当中高于产品质量和员工工作效率的存在，实际上这是十分严重的误区，社交只是辅助个人能力的工具，而非决定人成功的因素，人类无法将所有精力都平均分配，需要将有限的精力投入到无限的收益当中。社会法则更加强调个人的人际关系，但是根据调查显示社会法则在个人成长中的作用占比非常少，社会关系对于多数人来说是一种偶然性并非绝对性，所以大学生创业者在经营过程当中虽然需要社交能力，但是如果将 80% 的时间都用于社交，那么企业的工作效率不会有很大幅度的提升，并且由于自身缺乏平日对能力的提升，一旦风险降临企业必然会受到毁灭性打击。

2. 公司内部缺乏一致理想

多数大学生创业者缺乏人员招聘时的正确选择方案，在招聘员工时与员工所谈的事项唯有公司能够给予员工的福利条件，那么此时就十分容易导致选拔进入公司的员工并非认同公司的企业文化和经营理念，只是为了获得在其他公司得不到的工资薪酬，即生活资本，如此便会导致员工存在工作消极或者被其他公司高薪聘请的可能，忠诚度相对较低，过多的人员流动对于企业而言是效率降低的原因之一，并且企业内员工拥有一致的理念也能够使企业走向更远的未来，成为决定社会商业形态走向的重要力量。

3. 管理层人数过多

在小组进入大学生创办企业实地调查的过程中发现了这样一个问题，个别企业会将管理层人数设置过多，例如：全公司 23 人，管理者占 20 人，员工 3 人，在《从 0 到 1》这本书中讲到一个公司的管理层人数过多会造成企业缺乏生气，真正实际操作任务的往往是基层员工，员工占比过少会导致公司没有精力完成更多的业务订单，并且管理层人数过多也会导致令出多门的现象发生，致使员工的工作结果无法得到公司认同，久而久之员工的工作积极性便会下降，造成无法挽回的后果。

（二）解决对策

1. 利用自然法则代替社会法则

自然法则在个人成长当中起到决定性作用的机会更多，自然法则是指个人不断优化自身能力，学习更多相关领域的知识，大型企业在投资一件新项目时发生亏损的概率远远低于小微企业，因为大型企业拥有更多高素质人才，对风险懂得提前预估并且规避，此为真正意义上的能力定义，而非多数人认为的社交能力，创业者当把绝大多数时间用于培养企业自然法则能力，企业将慢慢地发展为学习型企业，拥有更多决定未来的机会，使企业的未来不是决定于某一个人身上，大型企业绝不会因为某个高管离职而发生亏损，因为大型企业已经成为或逐步转变为学习型企业，同样的创业者自身拥有更多地掌控风险的能力，也能够引导企业及时避免困境，并且由于自身能力的不断提升可以获取与大多数人不同的思维境界，发现新兴的商业机会。自身掌握的力量是随时可以回应自身的，而外界的力量或许在短期内可以收益成功，但是偶然事件不会经常发生，社交能力或许能为公司争取一个很重要的项目，但是这永远都是偶然事件。

2. 打造企业内部的“帮派文化”

“帮派文化”与企业文化有着一定的关系，但是也有着一定的不同，“帮派文化”着重于对企业凝聚力的提升，而非企业文化重视的经营理念。

（1）在招聘的过程当中设置检验员工核心价值观的面试问题或笔试问题，并应用心理学设置询问内心是否认同公司未来发展理念的问题。

（2）通过在招聘时设置问题能够在一定程度上招入符合公司要求的员工，但是也同样需要在平时工作生活当中细心观察每一位员工的工作状态，员工出现烦闷苦恼的问题管理者可以以朋友的身份共同探讨。

（3）打造公司的“帮派文化”的时候不仅仅需要在招聘时严格把关，同样需要在工作时严格把关，如果某员工严重影响到企业的工作氛围，致使更多的员工进入消极怠慢状态，那么管理者可以对此员工进行清除，因为这样才能保证多数员工的工作积极性，逐步提升企业效率。

（4）适度组织员工进行外出游玩或聚餐，在组织的过程当中不仅是对管理者领导能力的锻炼，也是培养同事之间良好情谊的关键所在，平日里紧张的工作环境当中同事之间很难有机会一起交流增进友谊，在专门的休闲娱乐时间当中员工可以以放松的心情面对每一件事情，提升同事之间友谊也是打造“帮派文化”的重要一环。

（5）为员工发放统一制式的服装，但是一定要区别于其他公司的制服，员工在平日里穿着统一的服装更能够培养员工的群体认同感，此效果类似于学生时代所穿着的校服，学生们往往会因为学校的不同而产生群体之间的差异感，而大学期间学校与学校之间学生们的差异感并不大，特别是同批次的学校之间差异感可以忽略不计，这种结果往往就是校服带给人们的感受。

3. 利用股权代替工资

大学生创业团体当中人员有很大的比例更加看重公司给予的名利，喜欢成为公司的管理者，但是小组成员通过分析大型公司的成功管理经历，大型公司更能够采用股权的方式给予员工名气和收益，通过采用股权的方式可以使员工成为公司实际股东之一，成为管理者，并且股权也能够使员工在工作积极性上得到有效提升，通过分发股权替代工资的方式也能够帮助公司筛选到适合公司，并且利于公司“帮派文化”形成的员工。

第二节　创业者的素质与必备能力

一、大学生创业者的基本素质

（一）良好的职业道德素质

随着市场经济的发展，知识经济的出现，对创业者的职业道德提出了更高的要求。大量事实证明，创业者的“软素质”即创业者的职业道德素质从某种程度上成为创业者的核心素质，其职业道德的高低将决定着创业的成败。也已经成为教育工作者和在校生、毕业生、创业者的共识。

（二）强烈的创业意识

创业意识可以引发强烈的创业欲望，事实证明一个成功的创业者一定是强烈的欲望者。大学生创业者的欲望与普通人的欲望不同之处在于，他们的欲望往往超出他们的现实，需要突破他们现在的立足点，打破眼前的藩篱才能实现。

（三）良好的心理品质

自信是大学生创业者成功的原动力，也是创业者成功的重要前提条件，一个人只有充分相信自己，才能在遇到困难时候有勇气面对和解决，才能拥有强大的毅力去坚持到底解决困难，最终成功。同时，只有相信自己，别人才能相信你，最终形成一个团结合作的团体，集合大学生创业团体的力量成就一番事业。尤其在创业过程中难免遇到挫折，成功者正是拥有强大的自信心，在别人失去勇气的时候依然能够信心满满，坚定自己的目标，最终实现自己的梦想。所以说自信是众多心理素质当中最为重要的。

（四）过硬的专业技术素质

1. 要有完备的专业知识体系

大学生创业者之所以取得成功在很多情况下他们并不是最有实力的，尤其是财力、物力都没有足够的优势，但在专业的知识储备方面，他们因为有非常专业和坚实的知识做基础，一样能有很强的竞争力，取得最后的成功。尤其是学生创业，专业的知识更是创业过程中的核心竞争力，例如大学生创办网络公司或艺术专业的学生从事音乐、美术、装饰之类的行业，更是依靠扎实的专业知识。

2. 要具有合理的知识结构

大学生创业所需要的知识，不仅仅在于其所学专业知识，对于构成综合素质的其他知识同样重要。如哲学、计算机、英语等，这些基础知识构成学生的综合能力，只有同时具备扎实的专业知识和宽广的综合知识，才能正确分析创业形势，把握事物发展规律和趋势，提出独到见解和谋略，实现创业目标。

二、现阶段大学生创业者素质调查中存在的问题

（一）传统教育观念中的性别歧视问题

与男性创业者相比，女性创业者的创业素质明显偏低；而这种创业素质的差异，与传统教育观念的性别歧视密切相关。在传统观念中，女孩应该以家庭为重，用于工作的时间和精力都很有限；最好找个稳定的工作，而不适合去搞挑战性和风险性很大的创业活动；从社会层面，目前像董明珠这样的知名女性创业者或企业家相对较少，示范作用较弱。这些都限制了广大女性大学生创业素质的提高，女性大学生创业者的成就动机明显较弱，就是一种典型的印证。

（二）学校教育体系中的创业教育功能问题

20 世纪 60 年代初，提出了人力资本概念，并指出正规教育是人力资本投资的四大基本手段之一，它也是提升人们工作技能的最主要手段。从逻辑上看，创业素质是综合素质的重要组成部分，通过学校教育和学历提升，应该能提升创业素质。而通过跟本科及以下学历的创业者相比，发现研究生及以上学历的中关村青年创业者的创业知识高一些，创业能力差异较小，创业精神反而更低，说明更高层次的学历教育并不能显著增强创业素质。换句话说，在目前的高校教育体系中，创业教育的功能较弱。事实上，我国开展创业教育的时间较晚，尽管 2012 年教育部出台文件，倡导各高校尽量创造条件开设《创业基础》必修课；但很多学校受到师资不足和教学条件限制而没能开设，即使有些学校已经开课，但教学体系不完整，教学效果也不太理想，没能为广大学生提供足够的创业知识和创业能力储备。目前，多数青年创业者没上过创业相关课程；只有几个曾选修过“创业基础”，但印象已经不深。

（三）大学专业教育的实用性不足问题

专业知识是专有人力资本的基础，不同学科所学到的知识和工作技能决定着

未来的职业发展方向。理工类的大学毕业生会掌握更多的实用技术、更懂技术创新，经管类毕业生更熟悉市场规律与经营管理；而创业更强调技术运用与创新以及市场运营，故理工类和经管类毕业生应该更具有创业的专业优势。目前，理工类大学生的创业知识最少、创业能力最低，经管类学生的创业知识有很微弱的优势但创业特质和创业精神最弱，即他们所学的专业知识没能为创业提供很好的支撑。这既说明了创业教育有独特的教育体系、专业教育代替不了创业教育，也表明目前高校专业教育的实用价值被打了折扣，与社会对实用人才的要求存在着一定的差距。

三、大学生创业成败与创业能力素质的关系

（一）创业成败与创业者能力素质的正向关联性

大学生创业，是大学生对未来职业生涯的一种自主选择行为，其内含有创业者应该具有的自主性、自觉性等个性特征，以及创业者应该具有的主动性、创造性等职业品格。在所有的创业成功案例中，几乎都可以窥探到创业者的个性特征对创业的影响，以及创业者卓越的能力素质对创业成功所具有的功能作用。个体差异决定了并不是所有大学生都适合从事创业活动。因为市场具有高度的不确定性，面向市场的创业活动必然具有高度的不确定性和失败的风险。所以，只有那些能够承受市场挫折和创业失败的人，才是市场选择的对象。反过来讲，创业成功属于那些能够应对市场的不确定性并能够驾驭风险的创业者。任何创业者都摆脱不了市场对创业者能力素质的多向考量。一般而言，成功对创业者能力素质的要求，因行业不同而不同。从共性上看，大学生矢志创业，不但需要具备敢于担当、不畏困难、将事业进行到底的奋斗精神，而且需要具备把握市场机会、防范各种风险、破解各种创业难题的本领。因为市场经济既是诚信经济和法治经济，又是竞争经济，大学生进入创业职场，必然要直面素质的比拼和能力的较量。所以，创业的大考，其实是对创业者本领素质整体的评判。虽然不同的失败有不同的原因，但是在大学生创业失败的原因中能力素质不足是一个不可否认的主要原因。所有的成功创业者都有一个共同的特征，那就是更为优秀的创业胆识、本领和能力素质的支撑。

（二）实践经历决定着大学生的创业能力

实践的观点是马克思主义的基本观点。大学生的实践经历决定着大学生的创

业风险、行为选择和创业能力。创业实践活动有助于大学生积累创业经验、培育创业精神和提升创业能力。大学生创业也是变革现实的一种实践活动，实践是认识创业内涵的最好教科书，只有亲历创业实践才能深化对创业本质的理解，实现对创业认识的升华和能力素质的提升。实践出真知，失败是成功之母。大学生创业，无论成败都是创业者与创业环境之间相互作用的结果。大学生在实践中思考检视创业得失，在实践中学习、取长补短、增长创业才干。创业即使失败，它也可以为下一次的实践提供有价值的参照。

（三）创业成功要求能力素质的匹配

大学生从高校毕业到创业职场，不仅仅是一种角色和身份的转换，更重要的是要接受创业实践对创业者能力素质的检验。创业实践性表明，大学生创业成败离不开能力素质的支撑。就创业成功而言，它不在意创业者个人偏好，只关注创业者的精神状态和能力素质与创业要求是否匹配。具体到能力素质建设上来，就是大学生创业本领要与创业要求相匹配，二者匹配程度越高，创业成功率越高。所谓精神状态，是指创业者创业所坚持的理想信念，以及不怕失败和坚韧不拔的创业精神。这是创业者面对挫折将创业进行到底不可或缺的动力之源，其主要来自创业者的人格特质和创业者的信念。所谓能力素质，是指创业者所具有的创业本领。例如，发现创业机会、创业项目运作、规避市场风险等支撑创业所需的各种能力素质。创业需要整合人力、社会和财务资本，与此相适应的大学生创业者需要具有整合资本的能力；创业者需要有危机意识、能够规避各种风险，与此相适应的大学生创业者需要具有风险识别和管控能力；创业需要建立创业团队，与此相适应的大学生创业者需要具有组织领导和团队管理能力；创业还需要应变市场动态变化，与此相适应的大学生创业者需要具有战略调整和谋划未来的能力。如果创业者不具有创业的本领即使创业热情再高也难以将创业进行到底。目前，大学生创业失败率远高于创业成功率，说明大学生创业能力素质与创业要求严重不匹配。

四、提升大学生创业者素质的主要策略

（一）家庭要强化创业特质为核心的早期教育

研究表明，人格发展是一个不断完善的过程，基因遗传决定了人格的天性层面，人际交往和经历不断完善人格，其中大学生家庭的影响最显著。即创业特质

作为人格的重要组成部分，家庭教育，尤其是早期的家庭教育的影响至关重要。父母在子女的儿童时代就要付出更多的时间陪伴他们，帮忙他们塑造积极健康的人格和良好的创业特质，包括远大的理想和成就动机、敏锐性，注重目标导向和做事效率，并形成乐观自信、吃苦忍耐等品质，为将来的可能创业打下良好的基础。针对女性创业素质较低的问题，家长要破除“重男轻女”“女孩干不了大事”等落后思想，给女孩同样的关爱与鼓励，并科学育儿，促进她们健康快乐成长，并提供尽可能好的实践锻炼和体验条件，培养良好的创业特质，充分发掘女孩的创业潜能。

（二）高校要实施对大学生创业能力导向的教育改革

1. 推动大学生专业教育改革

不论是高职教育，还是本科或研究生教育，都要及时调整课程设计，删除过时的内容，增加与时俱进、反映新时代变化的专业知识，尤其要考虑互联网经济对人才的需求变化，开展更有针对性的专业教育，通过增强专业教育的实用性，提高潜在创业者的综合素质和动手操作能力。

2. 完善大学生创业教育体系

要加大资金投入和师资培训；普及“创业基础”必修课，确保让每个大学生都有条件接受基本的创业知识和技能教育；并针对一些有兴趣且有创业潜力的学生开展创业实训、企业管理等更高层次的课程，以提升创业和经营管理技能。另外，还要开展创新、创意、创业大赛，为大学生提供更多的模拟创业的体验机会；并提供更好的校园创业等实战条件，让大学生锻炼自己的创业能力。同时，在职业生涯规划指导和创业教育机会方面，要给女性同等的地位与待遇，避免有潜力的潜在女性创业者小苗被埋没。

（三）政府要优化大学生创业环境和创业实践教育条件

创业实践经历是开发创业素质的最有效手段，而中关村国家自主创新示范区的很多先进做法，值得我国其他地方政府学习与借鉴。政府要通过加大资金投入、创业园的科学规划与基础设施建设、优惠的融资和税收政策、培养专业化的孵化器和众创空间，降低大学生创业的成本和风险，吸引更多的大学生开展创业活动，让他们通过“创中学”提升创业素质。同时，搭建与高校和科研机构、其他创业者交流的平台，引导他们在经验交流与火花碰撞中获得隐性的创业知识和技能。另外，政府还要从制度设计层面，引导和优化家庭教育和高校教育。一方面，实施生育补贴政策，并大力倡导育儿服务的社会化和专业化发展，完善社会保障制度，降低女性大学生创业的社会成本，以破除家庭教育中“重男轻女”思想的社会基础，并提升年轻父母的育儿技巧，促进大学生从小的健康成长和创业素质开发；另一方面，将就业能力、创新能力、创业能力和创业率纳入教育的考核评价指标体系，促进高校实施创业能力导向的教育改革，以提升大学生的专业技能和创业素质。

五、大学生创业者必备的能力

（一）决策能力

决策能力是大学生创业者根据内外环境，因地制宜，正确地确定创业方向、目标、战略以及具体选择实施方案的能力。包括经营决策能力、经营管理能力、业务决策能力、人事决策能力、战术与战略决策能力等。决策是大学生综合能力的表现，一个创业者首先要成为一个优良的决策者。才能够胜任企业中大大小小的工作。

（二）经营管理能力

广义的经营管理能力是指企业内部和外部的所有活动。狭义的经营管理能力是指对企业内部人员、资金的管理控制能力。它涉及人员的选择、使用、组合和优化；也涉及资金聚集、核算、分配、使用、流动。经营管理能力是一种较高层次的综合能力。它从以下几个方面直接影响大学生创业实际活动。一是它涉及创业活动的每一个环节；二是它涉及创业活动中人的选择、使用、组合和优化：三是它涉及创业活动中资金的分配、使用、流动、培植等环节和过程。

（三）创新能力

创新能力的培养对于一个国家和民族振兴具有战略意义。创新能力已被联合国教科文组织称为“21 世纪的一本护照”。创新能力需要 4 种能力支撑：第一，观察能力，是创新活动成败的决定因素。创新能力强的大学生很容易察觉到别人所不能察觉到的事物以及较深层次的情况，能很好地找到解决问题的办法；第二，想象能力，是创新的先导；第三，分析能力，就创新活动的整个过程来看，包括察觉需要，找出关键问题，提出最佳方案及最后实现；第四，完成能力，在整个创新活动中具有决定性的地位。

六、高校对大学生创业能力的培养

（一）高校对大学生创业能力的培养方式

1. 通识教育与竞赛相结合

举办创新创业课程和创业计划竞赛，对软硬件教学条件要求不高，无须花费高额的成本，这是其优势所在，考虑到成本、师资和设施条件，我国部分本科院校就是实行此类教育模式的。该创业教育模式的主要路径即通过开设创业相关课程，举办大学生创业计划竞赛，帮助投资商从众多项目中筛选一个比较有价值的投资创业项目，从而有效提高大学生的创业意识和成功率，并且通过这种方式可以让大学生的创新创业思维和意识能够得到较好的教育培养。同时，以创业教育来带动学生的创业激情，从而营造出浓厚的校园创业气氛，强化学生的创新思维能力，从而改善高校学生就业难的问题。

2. 第一、第二课堂结合

现阶段，为使在校大学生的创业能力得到强化，绝大部分高校都设立了相关课程，一般是作为选修课呈现，授课教师也都是专职老师。授课教材以《大学生创业基础》等通用教材为主，授课内容主要是深入分析创业理论，强化学生的创业意识。也有一些教师在授课时应用了案例分析、创业模拟方式来培养学生的创业思维。积极拓展第二课堂，部分高校邀请了众多创业领域人士共同参与到互动式的创业专题讲座、学术沙龙中，拓展大学生的创新创业思维。让许多大学生开始对创业有了切实感知。如中国人民大学创新创业课程强调的是培养大学生的创业意识，帮助在校大学生进一步构建自己的知识思维框架，以培养大学生的整体素质和综合能力水平为最终的目标。

3. 产学研结合

科技型创业项目的实施使产学研结合的模式逐步成形，如这种模式在研发创新水平较高的理工科高校已经实施得较多。它通过校企的联合，或者通过校内的创业孵化园把产、学、研三个方面结合起来，促进大学生科技成果的转化与创新的产业化。这种实践模式最明显的优势就是培养了学生的创业自信心，进而使学生创业能力得到强化。

4. 综合式创业

将教育教学、研发和实践有机结合，这种培养方式大幅提升了大学生科技成果的转化率，通过学校和老师的指导，学生的创业能力得到明显强化。

（二）高校对大学生创业能力培养中的不足

1. 对创新创业教育缺乏认识

2015 年 9 月国务院办公厅出台了《关于深化高等学校创新创业教育改革的实施意见》，其中清晰地强调要加强创新创业教育理念的更新，密切结合专业实际和实践。这恰恰是现今进入信息时代以来我国高校科技自主创新专业教育教学改革中普遍存在的较为突出的一个矛盾性问题。研究者对北京高校学生进行了访谈，通过调查发现，有大多数的受访学生认为自身所在高校未能深刻地认识创业教育，只是简单地进行集中讲座，举办的创业竞赛也过于随意。很多都是由团委牵头，由学院报名参加全国范围内的大学生系列竞赛等，缺乏科学的指引。在创业课程的期末考核中教师往往要求提交创业计划书或结业论文等，对于创业思维的培养和考核缺少相关评价标准，缺少对大学生创业思维培养的重视。在创新创业人才培养中，对我国大学生的自主创新创业意识及思维能力培养未充分表现出来。

2. 一些课程不成体系

有很多学生认为创业与基础课程应该提高教学质量。这表明，我国高校学生对创业基础课程持悲观态度，教学质量有待提升。现如今，国内除了少部分创新创业教育试点高校有清晰的课程目标，绝大部分高校都缺少清晰的创业基础课程目标，内容大同小异，未形成属于自身的一整套完善体系。

3. 专业课程师资力量匮乏

有学者提出现阶段高校现代化教育兼职师资建设不足，缺少具备企业管理学、经济学或创业教育学和创业教育实践经验的相关专业教师，还未建立一批集产学研以及应用于一体的现代化专业创业教育师资力量和团队。高校引进优质师资的渠道有限，指导教师以高校辅导员或学工处表现突出的学生为主，再就是对优质创业课教师培育投入有限，使得高校教师能力不足，很难为学生提供优质的教育辅导。

4. 专业课程教学形式单一

目前，课堂授课以集中理论授课和技能培养为主要形式，比如华中科技大学教育部设立的创新创业类指导课和由创业社团和学院教育部牵头的相关指导课比赛。高校在组织开设相关的课程时，教师依旧没有脱离传统的理念灌输方式，这种教学方法严重剥夺了学生的兴趣和主动性，不利于开发和培养学生的创造性。

（三）优化高校大学生创业能力的对策

1. 重视思维培养工作

（1）转变教学观念

教师作为大学生创新创业教育思维培养的引导者和培育者，教师的教育观念要做到与时俱进，应该明确大学教育不仅是专注于知识和技能的传输，更应该以学生认知的提升为目标，重点关注思维培养工作。例如在上课时密切关注和引导学生进行创新创业思考，将创新思维融入教学中，进行创新创业教育自我能力的提升。

（2）丰富课程体系

英、美、日三国的创新创业教育经验值得借鉴。健全创新创业课程体系能在很大程度上推动创新创业教育的发展。我国高校要积极开展创新创业课程体系建设，将此作为大学生创新创业思维培养的一项关键举措。

（3）完善课程体系

课程体系合理完善是发达国家创业教育质量高的重要原因。要完成这项工作，首先要根据培养目标，加以借鉴发达国家成熟的创业课程实践经验。不仅要开设覆盖各专业学生的一系列创业基础课程，大量收集时下创新创业案例为课程内容增色以及建立创新创业思维案例库；还要不断开发和引入创新创业类课程，促进课程体系的完善，进而引进和尝试构建多元化的创业课程体系。课程的多元性是为了让大学生可以自由选择自己感兴趣的课程，引导和帮助大学生形成具有自身优势的、系统的创业思维。在课程的多元性上，除了不同的管理课程、人文课程，还可以将创业课程类型划分为学科体验课程、实践体验课程、活动体验课程、环境体验课程，涵盖案例教学、小组讨论等多种形式。

2. 培养师资队伍

（1）扩充师资来源

师资队伍是创新创业人才教育的关键和重点。只有师资队伍和社会的创新实践、科技前沿研究相结合，打造校内的创新创业教育智囊团，才能进一步提高创新创业人才教育的质量。首先，要求不断丰富创新创业教育师资补给渠道，制定相应的教师任用标准，使优秀师资力量持续壮大。根据国内外对大学生创业人才教育的研究工作成功经验和对实践的探索发现，创业人才教育的师资管理人员可以从多个渠道招募和聘用，既要从一些常规的高校、研究院所等企事业单位的师资中招募，也有必要从金融、风险投资管理有限公司等各类社会企事业单位的师资中引进，从社会上引进知识渊博和资历丰富的大企业管理人员及创业人员等。

（2）高校要提供相应支持

高校给予创新创业教育政策和资金上的有力支持，就能够促进该事业的飞速发展，具体可以从教学考核、师资培养、资金支持以及职称评定等方面展开。首先，针对教学成绩突出的教师进行鼓励，定期展开对教师的培训工作，组织学术交流活动，使教师们广泛参与到学术理论以及教学实践研究中，使教师的服务意识及指导能力得到持续强化。进而让教师能达到独立或合作设计课程和教学活动，帮助高校学生通过知识的内化和拓展引导学生的创新发散思维。其次，高校可以积极鼓励教师到创新创业企业开展挂职学习锻炼。最后，有一定条件的高校还可以申请建设教育研究培训机构以及创业教研室等。

（3）高校要鼓励老师和学生共同创业

师生一起创业具有显著优势，在创业团队各成员出现分歧意见时或在创业实践中出现摩擦矛盾时，指导教师则可从专业的角度来协调，使各成员的创业意见达成统一，将学生的创业与团队中其他成员的创业达到很好地平衡。高校要鼓励教师参与到学生创业实践中，将教师的创业指导作用充分发挥出来。另外，可以以高校股权联合投资的方式鼓励教师参与到以大学生和家长为投资主体的公益性创业中，对大学生和家长进行创业指引。最终通过鼓励实践性的创业教育，可以使得教师不断加深和加强自身对创业的理解和授课能力。

3. 对教学方式的重新界定与改良

（1）突破教学思维定式

大部分教师在创业课堂教学中只重视理论知识和实操技能原理的讲解，这在很大程度上对一些大学生创业思维的形成与发展产生阻碍。首先，国外的创业课堂对课堂效果十分重视，持续采用新的教学方法，案例分析法就是国外创新创业课堂上常见的教学方式。因此国内高校也可以在课堂上采用案例分析法，由教师设计案例课件，并且将创新创业理论知识和思维带入案例的讲解中。其次，再根据实际情况引入创造需求创新法、组合创新法、头脑风暴法、类比创新法等授课方式，提高大学生专注和善于发现、善于思考的能力。同样的内容可以采用不同的教学方式，除了常规的撰写个人创业计划书、创业成功人士的讲座、主要案例的分析与讨论等，还可以引入课程主题演讲、文献阅读以及小组探讨、课程项目研讨会、课程实习、多媒体教学、演示性的教学等多种教学方式，充分利用各种教学方式将所学的知识和信息更好地展示在大家的面前，帮助广大学习者尽快建立清晰的思维和认知。

（2）应用体验式教学方式

国外高校在实际教学中以体验式教学为主：模拟真实的环境和情景，通过案例分析和企业实习等一系列不同方式来强化学生的理论应用与实践的能力。首先就是对成功的创新创业案例进行分析，让学生自主分析案例创业成功的因素，引导学生关注成功人士所具有的优秀特质，使他们深刻认识案例中的内外部条件和规律，提高学生的综合创业能力，使学生的创新创业思维意识不断提升。其次通过模拟仿真训练到创业实践，再到真实创业，让创业者对创业、对团队需求有一个初步的概念。最终将企业与学生的科研项目关联起来，更多地将其科研教学的主要场所和重点领域放到企业实习室和实践实训基地等，让在校学生在真实的学习环境中体验学习。

4. 构建合理支持体系支撑创新创业

（1）从根本上整合政策资源

目前，政府已经高度重视专门面向在校大学生的创业实习和实践平台的建构，而且社会上开始积极开展大学生创业基地和实践示范园的建设。所以，高校要加强对教育部和国家有关创业政策与资源的理解和领会，深入分析和解读创业政策，提升对大学生的咨询服务和指导工作，解决大学生创业的心理顾虑，使他们大胆创业。比如可建立大学生创业咨询服务和创业指导中心等。

（2）从校企合作出发构建合理创业氛围

高校可加强与企业的合作，为大学生创业争取到更多的支持资金，开辟大学生创业渠道，逐步形成高校和社会一起提供支撑的有机体。比如，厦门大学就在国内不同地区建立了五家国家级和三家校级大学生见习基地。高校能与特定行业公司合作一起为学生提供创业实践基地，并且还给予技术上的指导及筹资咨询服务。另外，高校可以从企业中获取合适的师资，例如选聘具有创新精神的优秀员工、企业家，让他们加入创业的教学研究工作中来。甚至能邀请他们为大学生开展创业讲座，使学生的创业知识视野更加广阔，营造出一个创新创业学习与实践的良好校园气氛。

（3）从网络品牌出发构建更多实践机会

教育部门与高校科研机构可建立创业实践基地，积极开展创业主题活动，通过多种有效方式来支持在校大学生创业。例如浙江大学做得比较好的是创设了将近 30 个创新创业社团，如“蒲公英”青年创业学院等。同时，每年还组织创业沙龙等活动达到四百多场。再比如北京航空航天大学为传授大学生关于创业的知识，并为其提供了创业咨询和其他服务，建立了创业园；为管理大学生创业过程中的事务以及资源，创设了“创业管理培训学院”；每年还设立300万元的创业基金以对在校大学生中可行的创业项目进行前期的研究和融资。

（4）构建资源共享平台

在创新创业教育人才培养方面，绝大部分高校都缺少丰富的经验，通过资源共享就能使相关资源得到充分利用，从而有效解决很多高校创业教育经验不足的问题。首先，高校要将媒介工具充分利用起来，还有官方网站等，将专家以及创业项目的资源有效集成，为学生提供各项无障碍资源，学生通过网络获取项目信息、最新进展、用户需求等，还能和导师以及专家在线交流，拥有更大的创业发展空间和更多有创意的思路。再者，“创业课堂”“网上论坛”等创业教育网络平台能方便高校整合一系列优质创业教育资源。

第三节　创业团队与创业者的关系

一、创业团队的概述

（一）创业团队的概念

与个人创业相比，在创业活动中创业团队有着较多的优势，越来越多的国内外学者关注了团队创业，并对此做了大量的研究。随着知识经济的发展，科学技术的进步，创业团队在现实经济生活中已然成了一个“无处不在的现象”，特别是在高新技术行业，创业团队创立了一大批的公司，成了突出的经济事实。且大量的研究表明：由创业团队组建的新企业绩效要优于由创业者个人建立的企业。

创业团队的定义是基于团队概念基础之上的，但对于具体定义许多学者从不同角度对其进行了研究。从所有权的角度，有学者将创业团队定义为两个或两个以上的个体，他们共同建立公司且同时拥有所有权。从人员构成的角度，有学者把创业团队定义为参与且全身心投入公司创立过程，共同克服创业困难和分享创业乐趣的全体成员。至于律师、会计师和顾问等外部专家，由于只参与公司创立的部分工作，因此不能算作创业团队成员。从参与时间的角度，有学者认为创业团队是在公司成立之初掌管公司的个体或是在公司营运的头两年加盟公司的成员，但并不包括没有公司股权的一般员工。也有学者指出，创业是在结构不确定性条件下的一个寻求利益、解决问题的过程。创业团队是指这样一群创业者，他们拥有共同的目标，这个目标需要共同协调与合作才能达到，更加强调了创业团队的协同团结作用。

（二）创业团队的角色

（1）贝恩、希茨角色理论。该理论指出团队必须担任三种角色：团队任务角色、团队建设和维护角色、个人角色。

（2）双重角色理论。该理论认为：在成功的团队中，任务的完成和社会满意度是通过团队成员的任务专家角色和社会情绪角色来达成的。

（3）团队管理轮盘。有学者提出，团队中存在着八大角色，即开辟宣传者、发展评估者、组织推动者、总结者、检查监控者、维持拥护者、报告建议者、创造革新者，并将八大特定角色划分为四类，即开辟者、建议者、控制者和组织者。

（4）贝尔宾团队角色模型。贝尔宾将团队角色划分为 9 种，即协调者、推进者、创新者（智多星）、信息者（外交家）、监督者（审议员）、凝聚者、执行者（实干家）、完成者和专业师，并可归纳为如下三类：行动类、社交类和思考类。

二、高校对大学生创业团队培养存在的问题及对策

（一）大学生创业团队培养中的问题

1. 创业氛围不足

由于许多高校未建立起大学生科技创新的管理机制与机构，没有制定相关的规章制度，使得本科大学生科技创新活动处于无序进行的混乱状态，尤其是奖励机制不健全是不能激发参与热情的主要原因所在。未能调动大家的参与热情，导致高校的创业氛围不足，同时创业意识的淡薄也导致了大家的参与度低下。2021 年有学者对广东省应用型地方高校全日制本科生的创业意识进行了调研分析，调查结果表明，关于创新创业的问题上，在校大学生普遍存在一种忧虑的心理，其中有 21% 的人认为风险太大，担心浪费时间和金钱，而超过一半的人对创业没有意识（图 3-3-1）。

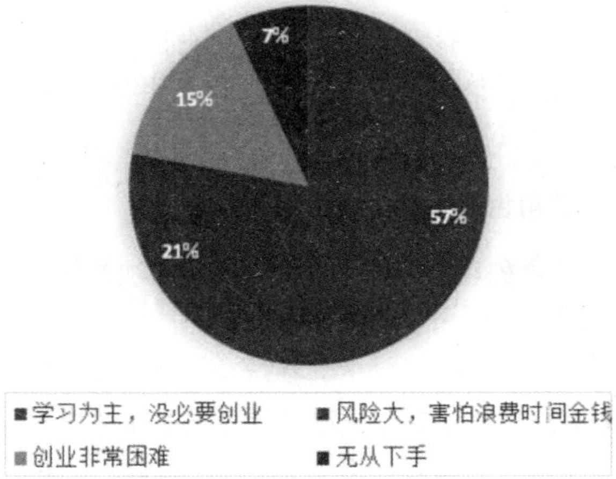

图 3-3-1 创业意识调查

2. 师资缺乏

思想政治教育不仅能够引导学生树立正确的人生观、价值观和世界观，并且可以帮助学生养成较高的就业创业素质。但是目前大部分地方高校的就业创业教学工作，大都由该班的辅导员担任。虽然辅导员有着非常丰富的思想政治知识体系，但对于就业创业的经验却很匮乏，所以很难在创业方面给予学生有效地指导，在这方面很难从本质上帮助到学生。此外学生在校内学习的课程与创业所需要的知识脱节，创新知识和创业能力不足，并且校内往往没有一个平台能够为初创型团队提供系统性的指导或者资源方面的对接。

3. 团队结构不科学

由于地方院校里存在着不同学院和专业的界限，学生组建创业团队时往往大部分只能够寻找到身边与自己知识背景相同的成员，而不能广泛搜罗人才从而组建一支复合型的团队实现优势互补，因此单一的团队结构有时会成为创业失败的因素之一。同时创业团队的成员往往是因为某个共同的创业想法才聚集到一起，在逐步发展事业的过程中就产生了最初的创业意识，但这其中包含的范畴很广，如果没有规划和指导，将大大降低创业成功率。此外，熟人团队内缺乏竞争，难以实现互相促进。

（二）大学生创业团体培养的方案

1. 提升创业教育主体的观念认知

“大思政”教育一直秉持着开展在校大学生的思想政治教育需全体教工参与

的理念。同样地方高校的“双创”教育也应秉持该理念，以形成创新创业教育全员参与的局面。而且创新创业教育并不只是某些指导老师或是某个单位部门的职责，而应该是整个教育体系的职责，需要身处其中的每一个工作人员的参与。因此地方高校要充分发挥“大思政”教育的引领作用，着重解决在校大学生“双创”教育中存在的关键问题。地方高校只有做到创新创业教育的全员参与，才能为在校大学生提供良好的创新创业氛围。

2. 打造专业教师团队

无论是大学生的创新创业教育还是思想政治教育，建立一支扎实的理论知识、良好的道德素养和敢为人先的创新精神的高素质教师队伍都是高校教育过程中不可或缺的中坚力量。因此，首先得加强创新创业教师队伍的培养与建设。在课堂上，任课教师要将本专业领域的知识与创新创业理念相结合，形成一套能够让学生容易理解的完整知识体系。同时可以定期邀请国内外知名学者和专家对学校的教师或是学生进行创业知识培训及解答讲座。这样不仅可以开拓学生的思维，亦可提高教师的教学水平。另一方面坚持以工作室制的培养模式，一是可以帮助学生得到老师的有效指导、学校的重视和社会企业的帮助；二是对于人员少的学生团队难以申请到学校的场地和资金支持，但是由几名老师对两三个项目、几十名同学进行统一指导和规范管理的工作室则更加容易获得场地资金等资源。

3. 优化团队内部结构

基于大学生工作室培养创业团队，有利于在全校范围不同学院和专业中寻找最合适的人才。纵向上不同年级的同学可以互相传授经验、“以老带新”，横向上不同专业、特长和兴趣爱好的成员可以优化职位分工。通过学生自荐、师兄师姐推荐、团队内部竞争和筛选等方式，在很大程度上可以改变过去团队松散、单一的结构，促进团结协作、实现最优的创业团队人员配置。

4. 以赛代练，制定目标与计划

工作室内的创业团队可以将校内外大大小小的创业比赛作为目标，例如“挑战杯”“互联网 +”等创新创业大赛，并以此制定出切实可行的提升计划，从市场分析和调研到商业计划书的撰写，再到创业比赛的路演答辩，一步步地打磨自己的创业项目。赛前学校有集中的创业指导，赛后可以通过与评委老师和投资人的交流进一步地了解自己项目的优劣和提升方向，从而更好地投身到下一场比赛中。在以赛代练的过程中，创业团队每周开例会，总结项目进展，寻求老师的指导，召开技术分享会，分阶段循序渐进，边学习、边比赛、边实践，切实提高了他们的创新创业能力。

5. 引进竞争和激励机制

工作室往往具有较为完善的竞争和激励机制。首先，同一工作室内不同的团队既是合作关系又是竞争关系，他们在交流中可以取长补短；其次，团队内部可以竞争项目负责人，从而提高学生的创新创业的积极性；最后，工作室引入了激励制度，团队参加各种创新创业比赛，获得省级、国家级奖项者不仅可以获得在比赛中赢得的奖金，还可以获得工作室额外的奖励，与此同时，比赛获奖有助于学生获得学分、奖学金和保研机会，因此可以极大地激发学生的斗志。

三、大学生创业者与创业团队之间的相互关系

（一）大学生创业者“自我表露”与团队成员创业认同的关系

“自我表露”是1958年，美国人本主义心理学最早提出了自我表露的概念，认为自我表露就是（个体）让交流对象了解有关自己的信息。同时认为，自我表露是指个体自愿将自己的情感、需要、思想、背景、态度、情绪和精力等信息分享给他人。我国学者也对自我表露做了定义，认为自我表露是在个体与他人进行交往时自愿将自己内心的感受以及自己掌握的信息真实表现出来的一种过程。现有研究根据自我披露的内容将其分为描述性披露和评价性披露。其中描述性自我披露是指为了与他人分享客观存在的信息。而评价性自我披露主要指的是情感表露，大学生创业者在日常生活或者工作中对自己情感的一种表露。

创业认同指的是大学生创业团队成员对大学生创业者在其团队中所起到的作用以及创业者思想的认同。具体来说创业认同一般表现为创业者的人格魅力以及其领导能力，认同其创业事业的价值，从而持续忠诚的追随创业者进行创业活动。

1. 大学生创业者自我表露有利于增强团队成员对创业者激情的感知

创业激情是指个体在大学生创业实践中所表现出来的积极情绪。换句话说，创业激情反映了个人对创业活动的一种热爱精神以及奉献精神。本文中所涉及创业激情指的是团队成员对创业者的创业热情的感知，即从员工的角度来评价创业者的创业激情。一般来说，大学生团队的管理目标以及价值观等信息的共享都是通过自我表露来实现的。一方面，大学生创业者通过描述性披露使团队成员对客观的创业环境有更全面的了解，这一过程会影响团队成员对创业者的整体感知及综合评价；另一方面，评价性表露也是一种情感上的表达。在创业过程中，大学生创业者会向下属表现自己的情绪，如兴奋、恐惧、焦虑等。有学者研究发现，创业团队成员能够通过创业者的情绪和行为来感受到创业激情。这种激情代表了

创业者对公司的信心和承诺，也在一定程度上反映了创业者自身的现状和企业管理的现状。因此，大学生创业者自我表露有利于增强团队成员对创业者激情的感知。

2. 大学生创业者自我表露会促进团队成员对创业的认同

已有研究发现，大学生创业者自我披露可以刺激团队成员的激情感知进而促进团队成员的创业认同。大学生创业者自我表露是促进团队成员对创业者创业认同的重要途径之一。大学生创业者自我表露促进了创业者对创业团队成员的认同，而创业激情在这一过程起着非常重要的作用。一方面，通过描述性披露，大学生创业者很有可能提高团队成员对创业者的评价，进而增强团队成员对创业成功的信心，增强团队成员对创业激情的感知，从而获得团队成员对创业的认同。另一方面，评价性描述大多数是创业者情感的表达。情绪传染理论认为情绪是会传染的。企业家评价性自我披露能更好地促进大学生团队成员对创业激情的感知。研究发现创业激情对提升创业认同具有非常重要的作用。因此，通过客观信息或者情绪的展示，大学生创业团队成员可以直接地感知到创业者的创业激情，从而增强团队成员对创业者和创业活动的认同感。

（二）大学生创业者的认知风格与团队建言行为及幸福感的关系

作为团队“主心骨”，大学生创业者的认知风格不仅关系到传递社会信息的数量和质量，也决定了创业者和团队成员的信息交互方式，影响了成员对企业动态、大学生创业团队氛围和决策情境的感知，对成员在工作场所的幸福感具有重要影响。

大学生创业者的认知风格是一种相对稳定的信息处理倾向，影响记忆、思维、态度、动机等认知过程。根据个体对左右脑的使用偏好，认知风格分为系统型（也称分析型）和直觉型。具体来说，系统型认知风格的个体更加理性，通过逻辑分析，循序渐进地解决问题；直觉型认知风格的个体通常凭借自己的感觉和经验做出决定。根据认知——经验自我观，由于对个体行为的塑造作用不同，直觉型认知风格和系统型认知风格可被视为两类相互独立的信息加工方式。

1. 大学生创业者系统型认知风格有益于提升团队工作幸福

大学生创业团队核心成员，作为具有共同目标、共担创业风险和共享创业收益的群体，直接参与创业决策制定和战略行动，他们的工作幸福感主要来自自我价值的实现和工作场所的支持。大学生创业者认知风格反映了其在创业机会评估和决策过程中的知识结构和心智模型，塑造了成员在创业过程中对创业者信息处理行为和习惯的认知，在赋予成员工作自主权、提升成员自我效能感以及构建良好的人际关系方面具有重要作用，进而影响团队成员的幸福感。本文的幸福感，特指创业过程中的工作幸福感，即成员对创业工作的积极情感和认知评价，并强调个人价值实现。

社会信息加工理论指出，在复杂、模糊和高度不确定的创业情境下，成员更倾向于解读工作环境中的信息以决定自身的反应。第一，大学生创业者系统型认知风格作为一种理性的思维模式和信息处理模式，可以构建创业团队良好的工作习惯、工作氛围和团队关系，打造支持型的、和谐的、幸福的工作环境。第二，系统型认知风格的大学生创业者倾向于采用循序渐进的方式解决问题，在决策中充分收集组织内外部信息，在分析和评估过程中与成员信息共享，提高成员的决策参与度和自我价值实现，给团队成员带来愉悦的工作体验。总的来说，系统型认知风格的大学生创业者通过塑造和谐工作环境和提高成员自我实现感满足了成员的基本心理需求，能够一定程度上激发其工作幸福感。

2. 大学生创业者的系统型认知风格促进了成员的建言行为

系统型认知风格的大学生创业者借助外部信息和客观数据以辅助决策，倾向于从成员等多方渠道收集信息。根据上述分析，系统型认知风格的创业者通过信息共享的方式传递出鼓励成员建言献策的信号，例如在战略制定、融资决策等方面迫切希望成员提供建设性意见，激发成员表现出更多参与决策、提出建议的主动性行为。系统型认知风格的创业者做事严密且有逻辑性，详细设定目标和制定工作计划，为成员改善组织效能和明确未来方向的建言提供基础素材和条件。同时，这类大学生创业者在决策过程中注重增强与成员的信息共享、互动与互益，能够营造良好的建言氛围，提高成员促进性建言的心理安全感。此外，大学生创业者的系统型认知风格能够提高成员促进性建言的效能感和安全感，带来具有挑战性和创造性的促进性建言。过往研究已提出具有系统型认知风格的创业者更需要收集来自团队成员的补充信息和改进建议，以弥补自己的认知盲区，也有研究发现领导者的信息共享行为、鼓励员工挑战现状的大学生创业者风格等会激发团队成员的促进性建言行为。因此，系统型认知风格的创业者通过信息分享和共同决策的方式，塑造开放的建言环境，便于成员提供组织改善与提升的相关意见。

3. 团队的建言行为在大学生创业者认知风格与工作幸福感中起中介作用

大学生创业者的两种信息加工模式，即系统型 / 直觉型认知风格所传递出的社会信息会引起成员不同的建言行为，进而对其幸福感产生不同影响。一方面，在高度不确定的创业情境下，系统型认知风格的大学生创业者尤其重视信息多样性和渠道多元化，这类信号激发和鼓励成员提出有关企业长远发展的建设性意见，以发现潜在机遇、改进运营流程和推进战略革新，在此过程中，成员更容易感知到创业工作中自我价值和自我成长的实现，提升对工作的满意度和认同感。可以说，成员的促进性建言是发挥创业者系统型认知风格在与团队成员的信息交互和关系构建方面优势的重要路径，成员通过促进性建言充分发挥了其参与创业活动的主人翁精神，在创业过程中不断注入获得感和幸福感。

另一方面，具有直觉型认知风格的大学生创业者秉持自身判断和快速决策的原则，极大地抑制了成员通过发挥主观能动性实现自身幸福的可能。而成员身份、角色和责任的特殊性又决定了他们无法置身事外，不得不对创业者的“拍脑袋”决策给企业成长和自身发展带来的潜在威胁表示不满与异议。这种负面反馈增加了成员的人际压力，迫使成员处于一种防御型状态，影响了其创业目标的实现和个人智慧的发挥，无法真正参与到发挥自身价值和增进企业成长的创业过程中，从而降低了其工作幸福感。

第四节　创业团队的组建与管理策略

一、创业团队概述

（一）创业团队组建的基本理论

在解释创业者如何组建团队中，存在着人际关系和资源探寻两种理论模型。前者着眼于人际关系和社会网络等社会情感在团队形成中的作用，后者则侧重于从经济合理性等有用性的视角上认识团队能动的形成过程。

1. 人际关系理论

人际关系理论的基本观点是创业者把自己身边熟悉的人纳入团队中；资源探寻理论的基本思路是通过寻找和吸收，把能够提供创业资源的相关人员吸收到团队中。人际关系理论的依据是“类似性——引致模型”。在团队形成过程中，创业者从年龄、籍贯、性别等先天属性和教育、职业经历等后天属性出发，选择与自己关系接近的人员。该理论认为，与自己类似性高的人接触的概率高于类似性低的人，因而加入团队的可能性也就越高。与该理论相似的另一个理论是社会网络理论，该理论为创业者提供可能接触到的人群关系。社会网络是商业伙伴中最一般性的资源，从便利性和搜索成本方面看，这些廉价的和可信赖的资源会被优先利用。

2. 资源探寻理论

资源探寻理论源于资源基础理论。该理论认为，创业过程需要具备一定的资源，创业者通过寻找和吸收那些自身不足的资源而组建团队。资源探寻理论的有效性在网络理论上也获得了支持，网络探寻是超越人际关系的近亲性搜索成员的方式之一，因而属于弱纽带关系。弱纽带关系对网络连接中的信息传播具有重要作用，通过弱纽带可以提高信息的价值。

由此可见，将社会情感和功能性因素结合起来，从创业者的关系资本视角，关于创业者的社会资本和团队关系质量对创业团队有效性的影响等方面的研究在持续深化中。

（二）创业团队的组建模式

创业团队的组建模式主要有三种。

1. 要素型驱动模式

即以各种要素为基础的组建模式，通常来说常见的表现形式为，技术加资金的组建，或者技术加管理加资金的组建，类似于以组建所需要素为基础而合并的模式。这样的组建模式从一开始就有着较为明显的分工，并且在发展过程中在相应的要素环节有着各自更加专业的见解和决定模式。

2. 关系型驱动模式

即倡导以人脉关系资源为重心的组建模式，这样的组建模式有着一定的领导中心，并且在组建初期会有着肯定的方向，并且在发展过程中领导层有着明显的依托关系所带来驱动的效益，因而这一模式在当前的大市场环境下有着较大的发展。

3. 价值型驱动模式

这一模式简单来讲就是目标一致，价值观念统一，组建的团队有着明确的目标和方向以及驱动力，因此具备较强的凝聚力。

二、大学生创业团队的组建存在的问题及对策

（一）创业团队的组建存在的问题

1. 创业团队中唯一权威主管问题

成功的企业需要权威的主管，同样，创业团队要成功也必须有强势领导人。

大学生一起来创业，谁应该是主导者？谁来做最后的决定？当发生意见不一致的时候由谁来仲裁决定？年轻气盛的大学生们都想成为团队的唯一权威主管。

2. 创业团队成员间的相互信任问题

互信是形成团队的基础，而互信往往要经过长期合作才能形成。但事实上，年轻的大学生们往往会意气用事，凭一时兴起而组建创业团队，一起共事。

3. 处理不同意见和矛盾的问题

大学生创业团队成员往往会过于执着于创业构想，极力维护自己的主张，但又同时避免自己的缺点。这种固执己见、争权夺利、逃避弱点等往往会使得团队难以找到最佳解决方案。因此必须有善于倾听意见，并善于概括总结正确意见的领导者来克服这些矛盾。

（二）优化创业团队组建的对策

1. 树立正确的创业观念

针对目前的就业形势，高校教师应正确引导学生，让学生充分认识到树立正确的创业观，以及以创业带动就业的重要性。既要客观公正地分析目前的就业形势，更要充分利用国家对学生创业的利好政策，帮助学生树立健康积极的创业观。首先，需要加大创业宣讲的力度，充分利用在校大学生群体性的特点，发挥高校在大学生创业观念上的改变，以及创业团队建设中的作用。充分发挥榜样的作用，利用创业成功人士的实践经验，来有效带动学生创业观念的改变，为此最直接有效的方式便是邀请成功人士进行创业讲座；另外在有关的大学生创业创新大赛活动中，如果能够邀请到有经验的创业者或者教师参与进来，对学生的创业计划进行针对性的指导，则能够吸引更多的学生来进行创业创新活动。对于就业和创业观念的改变不仅仅针对在校学生，对于家庭和社会同样需要理解创业的实质内涵，树立正确的创业观念。在校学生进行创业是需要勇气的，需要得到学校、家庭和社会的帮助与支持，不仅仅包括经济方面的支持，更需要在精神方面给予创业者大力支持。

2. 构建全面的创业教育课程体系

较为全面的创业教育课程体系的构建，不仅有助于大学生创业观念的改变，而且有助于学生创业素质的提升。目前创业教育课程在大部分高校均已设立，通过创业教育课程来培养学生的创业素质，同时充分结合自己的专业知识和当地的实际情况，对学生进行引导教育和创业培训。除了创业教育课程的设置，更应该构建多角度多层次立体化的创业培养，首先是引导学生对自身创业初衷以及创业团队的思考，设置相关的课程针对创业团队的合理组建、团队的建设管理以及团队的能力培养与提升等问题进行合理的引导。其次引导学生打破专业的限制，发挥自身的长处和优势，进行跨学科、跨专业的创业团队的构建，将创业教育与专业知识进行深度融合，使团队成员之间在专业知识方面可以进行优劣互补，克服团队结构不合理的问题，增强创业团队的抗压能力。另外在对学生进行全面的创业教育的同时，学校应为学生创业者提供更多实践的平台，让创业教育的理论知识落到实处，与创业实践实现合理衔接。例如可以帮助学生真正地接触到创业团队，真正地走进社会和企业进行学习，近距离地考察优秀企业团队的运作模式，学习和借鉴企业团队先进的理念，有助于创业者自身的成长和团队的建设。让学校的创业实践基地真正地发挥作用，使学生在后续的创业过程中能够更加从容，为创业团队的持续发展打下基础。

3. 建立完善的团队管理制度

团队的管理是一门学问更是一门艺术，为了对团队中每个成员进行监督，以确保团队活动能够顺利运行，必须制定合理完善的团队管理制度。对团队成员进行定期培训，搞好团建工作，增强每个成员的团队意识，重视团队文化的建设，培养团队精神；制定科学合理的赏罚机制，按照公平公正、多劳多得的原则，保持团队成员的工作热情和积极性，消除消极懈怠情绪；制定定期的成员考核制度，以此督促团队成员能够尽心尽责地工作，对于通不过团队考核的成员需制定相应合理的惩罚制度；对于团队的利益划分问题，因为团队中每个成员无疑更加关注自身的利益分配，因此在团队的运行中，要特别注意创业团队的发展和经济效益问题，使成员的利益分配与团队的整体发展相互和谐，确保创业团队能够健康，且可持续地发展下去。除了团队成员之间的同心协力，一个优秀的创业团队更需要具备强有力的领导力和执行力，团队的领导力对于团队的精神面貌和发展方向至关重要，只有具备较强的领导力才能够吸引人才，壮大团队的力量；创业本身是一个比较艰辛的过程，尤其对于学生创业团队来说，创业过程中不可能永葆活力，难免情绪低落遇到创业瓶颈，此时需要创业者不忘初心，具备较强的执行力，带领团队明确方向继续向前，才有可能实现团队质的飞跃，因此在创业团队中，团队成员需分工明确，团队创业者需具备优秀的领导力和执行力，并在创业的过程中，不断地磨炼和打造团队的执行力，使团队具备可持续发展的潜力，才能够将团队的创业梦想变成现实。

对于大学生来讲，创业是比较困难的事情，在创业过程中可能会遇到资金、人员以及其他方面资源调动的问题。高校为了帮助大学生缓解创业过程中的困难，通过建设众创空间，以产学研结合等方式，提供经验参考和交流平台，充分提升大学生创业团队的整体管理水平。

4. 产教协同，建设双师型管理方式

高校众创空间建设视角下大学生创业团队管理的一个重要展现是通过依托众创空间实现产教协同，充分发挥双师型管理方式的作用，为团队管理向高效、专业化的方向发展奠定基础。大学生创业团队要熟悉市场经济和社会发展各个方面的运作机制，将其反馈到创业创新中，这就需要团队与社会和市场保持一个良好的亲密度。然而在实际进行的过程中，由于大学生长期待在学校里，没有真正走进社会，存在与社会和市场脱节的问题。因此，无论在熟悉市场社会发展情景还是应对创业危机的过程中，创新团队都存在一定的狭隘性。高校众创空间的双师型管理方式能够通过引进校外具有经验的、已经开始参与项目运行或者其他方面的优秀人员，任用其作为指导教师，全面深入创业团队管理中，为大学生创业管理团队建设提供一定的指导建议，督促改进相关管理工作，提升创业团队管理水平。此外，大学生创业团队管理本身是一项专业化的工作，其专业性不仅表现在可以激发管理团队人员的积极性，还表现在能够提升团队协调能力、增强团队人员责任感。那么，这些方面的有效建设需要从理论层面进行细化，只有在主观思想层面上实现科学化的教育，才能够循序渐进地提升创业团队整体管理水平。双师型管理方式通过将高校优秀的创业培训教师和思政教师等引入管理团队，能够提升团队整体综合素质，满足实际创业应用要求。

5. 依托众创空间，创造良好的文化氛围

在高校众创空间建设中，为了提升大学生创业团队管理水平，需要在积极依托众创空间的基础上创建良好的文化氛围。在高校团队建设中，充分重视文化的潜移默化作用，重视文化对大学生创业团队人员的熏陶。现今，许多大学生创业急于求成，沉浸在利益中无法自拔，导致创业偏离了最初的目标，产生了许多不良的影响。因此，为了建设高水平的大学生创业团队，更加需要注重文化的熏陶作用。只有注重文化建设，提升文化自信，才能够为大学生创业的有效实行提供强有力的保障。高校众创空间的建设能够在一个相对固定的、专业化的框架内，通过制度和高校文化的渗透创建一个良好的文化氛围。这种文化氛围不仅包括大学生综合思想素质的表达、中华传统美德的展现，还渗透着高校本身的办学理念，例如自强不息、爱岗敬业等理念的传达，能够在大学生团队“拧成一股绳”，提升整个团队的作业协调能力，传播积极向上的正能量等方面发挥一定的促进作用。

6. 构建科学的反馈评价机制，提升管理水平

现今，高校众创空间建设和发展已经经历了一段时间，因此在各个体系建设方面已经形成了初步的探索。依托高校众创空间的大学生创业团队管理可以充分借鉴科学的反馈评价机制，及时发现大学生团队管理中存在的问题，并且提供专业化的反馈建议，提升大学生创业团队整体管理水平。大学生创业团队管理归根结底是实现对人的管理，需要进行及时和灵活的调整，因此面向创业的反馈评价机制建设是非常必要的。实际依托高校众创空间的反馈评价机制，能够从更为专业、更加细致的方向出发，对大学生创业团队中人员日常表现、创业项目运作表现、思想素质、专业化水平、创新能力和团队协调能力等方面进行评价。在一级评价指标体系的科学化建设下，通过量化操作，获取团队中人员各方面的数据信息，实现针对性的调整。高校众创空间本身是一个提倡创新的平台，因此平台反馈评价机制对于创新才能的衡量更加具有针对性，反馈的结果更具有实时性和合理性。

7. 依托众创空间，校企实现双向合作

大学生创业团队管理依托高校众创空间，能够促使学校和企业实现双向合作，在此种合作模式的基础上，能够为大学生创业团队管理提供最为直接的示范和榜样，促使创业团队管理向着专业化和科学化的方向发展。大学生创业团队管理要从“学校式”的管理向“市场和社会式”管理方向转型。采用何种管理方式对于大学生创业团队整体来讲也是一个不断摸索的过程。为了少走弯路，大学生创业团队在高校众创空间平台下可以与其他大学生创业团队实现有效的交流。例如，借鉴众创空间内管理水平较高的创业团队，向他们“取经”，与自身的管理方式实现对比分析，从中寻找不足、积极改进。此外，大学生创业可以借助高校众创空间，依托校企合作，提升自身的管理水平。校企合作现今已经成为诸多高校培养应用型人才、链接资源、提升高校办学水平的重要途径，为了提升创业率，高校更加注重对企业的引入，与企业实现双向合作。在这种合作方式下，大学生创业团队管理可以依托校企合作模式，通过学校提供的平台免费或者直接参与到已经成型的企业团队管理中，全方面、全过程汲取关于团队管理的经验。例如通过建设更为科学的人员激励机制、岗位责任机制以及奖惩机制等，调动人员的积极性。

三、大学生创业团队管理的实用策略

（一）大学生创业团队发展问题管理

1. 加强创业观念和意识

大学生创新创业是复杂的创造性脑力劳动，创新观念和创业意识对团队的发展有很大的影响。因此要促使团队成员形成正确、稳定的义利观、是非观、成败观、荣辱观，提升自身的开拓性与批判性，培养创新思维，树立共同的创业追求与社会使命感，在观念上调整自己，在行动上战胜自己。不仅将创新意识与创业精神内化为人格气质，还可以提升团队的稳定性与长久性。

2. 角色互补，扬长补短

《西游记》中的四人组是我们所熟知的角色互补案例，团队中，唐僧目标坚定，孙悟空是能力最强的成员，猪八戒是团队的开心果、润滑剂，沙僧是踏实的执行者，通过这个案例我们可以发现，成功的团队可以实现 1+1>2 的效果。形成管理、执行、技术、资源相结合的协作模式，实现角色互补，扬长避短。

3. 完善制度，有效激励

大学生创业团队在组建后一定要根据项目发展需要，完善团队在管理守则、奖惩制度、经营策略、财务管理等方面的规章制度，对团队长期稳定发展有着重要意义，尤其是有效激励制度的建立，对激发、调动团队成员的积极性有着至关重要的作用。

（二）大学生创业团队知识共享问题管理

知识共享可以从两个角度来进行看待。有学者将知识共享定义为信息沟通互动交换过程的视角，比如有的人认为只有沟通的共享才能称之为共享，沟通是知识得以共享的桥梁和纽带。有学者将知识共享作为知识转化，还有的人认为知识共享是组织内部员工、团队之间学习的过程，信息经由一方传递给另一方，且传递者帮助接收者进行知识的吸收利用，最终知识会成为组织知识，促进个体发展的能力。

1. 开展相关培训

当大学生创业团队存在归因困难影响知识明晰性时，企业可以展开相关培训来解决这一问题。比如开办讲座，请相关领域的专家介绍本领域的主要业务有哪些、影响业务的主要因素是什么、开展业务过程中会遇到的常见问题和相关的解决对策等，让员工对领域相关的定义、分类和概括性用词等有一个大致的了解。

2. 定期举办知识共享活动

知识共享活动可以通过经验总结、典型案例讨论、情景模拟等方式展开。活动中邀请工作中能形成知识的成员参与，大家分别阐述自己的看法，让多元的观点进行碰撞。活动能够帮助那些难以判断个人知识是否科学的员工进行多方验证，明确经验是否具有合理性和正确性，是否是真正值得坚持的知识。如果经验具有合理性，那么在讨论的同时也完成了知识共享的过程，其他员工已经获得了知识。如果经验不具有合理性，其他成员也可以帮助完善知识，积累一些错误的教训。不一样的思想还有可能碰撞出新的火花，进行知识的再创造和创新。

3. 开展思想教育活动

大学生创业团队可以采取多种形式提高大家思想意识，改善个体缺乏责任心、自利倾向明显等问题。在形式上可以采用谈话、开展专题讲座、例行晨会强调、内部网站发文强调、开办比赛等方式。在内容上向成员强调责任心的必要性。无论平台大小，作为成员自我发展的必要前提都是出色的工作成绩。引导成员将个人利益和组织利益相统一，认识到知识共享对个人利益的重要作用，提高成员的知识共享意愿。

4. 开展团建活动

大学生创业团队可以定期开展集体团建活动。人际关系的密切程度不仅与相识时间有关，也与人际交往活动的频繁程度有关。大学生创业团队开展定期团建活动，可以促进团队非正式组织的形成，快速改善大学生创业团队内部成员的关系。不同部门之间的成员能够有更多机会进行沟通交流，跨领域知识的共享能够给大学生团队成员展开新的视角。同时，团建过程中也可能发生知识共享行为。

5. 建立知识共享激励机制

大学生创业团队可以建立以知识共享为目标的激励机制来提高团队成员的知识共享意愿。团队管理者可以通过私下交流和调查问卷等方式展开内部调研，了解团队的成员对于知识共享的需求以及建议开展的知识共享形式和期望获得的奖励目标，形成科学有效的知识共享体系，而非仅仅着眼于工作绩效。

（三）大学生创业团队冲突问题管理

团队冲突的管理就是团队应对冲突情况下的管理活动，通常应对冲突时团队会采用一定的干预活动，譬如以目标为导向的干预，或者自身改变的干预以及他人改变的干预等等，团队冲突的管理有许多种方法，就当前大学生创业团队而言，主要运用以下几种方式：

1. 整合式冲突管理

整合式冲突管理是以解决问题为基本目的的管理模式，简单来说，在团队冲突产生后，采用整合的方式，从大学生创业团队整体利益角度出发，协调冲突各方的利益，在掌握冲突各方的相关信息后通过整体的协同来实现利益的调和并最终实现冲突的化解。

2. 折中式冲突管理

折中简单来说就是各退一步，在面对冲突时，为了有效或及时化解冲突，采用这一方法是较为常见的，大学生创业者作为冲突双方的调停者，寻求双方折中的具体点，以致实现双方的冲突化解。

3. 服从式冲突管理

服从式冲突管理简单来说是大学生创业者通过指令使得冲突各方停止冲突的活动，但是就冲突者而言，实际上是一种放弃冲突的方式。

4. 回避式冲突管理

回避式冲突管理不同于服从式，尽管回避式也能够实现冲突的立即停止，但是只是暂时的搁置，并不是跳过去的形式，因此回避式冲突管理对于一个成熟的企业而言会成为常用手段。

5. 命令式冲突管理

命令式冲突管理与服从式冲突管理相似却正好相反，命令式冲突可以理解为管理者制造冲突，以命令的方式实现冲突目的，从而达到一定的管理需求，这一方式对于大学生创业企业而言，也是极为常见的。

有学者认为在处理冲突中首先要认识到冲突是良性还是非良性的，基于冲突本身的不同和团队的差异等因素，要有效地管理冲突，即制造和引导良性冲突的产生和发展，抑制和管控住非良性冲突的产生和发展。在处理冲突中要做到主动，要提高和增强认识能力，要有预知和管控能力，这一理论对于处理冲突有着较好的且明显的指导作用，并被多数学者所认同。根据研究结果表明，冲突与团队的凝聚力呈现负相关的情况。大多数新的创业团队都是由那些拥有丰富经验的企业家组成亲属关系或友谊，其中包括一个强大的关系纽带和强大的情感基础。然而，对于大学生新创企业来说，创业机会发展的空间时常被冲突的管理能力所限制。研究结果表明，大学生在建立创业团队时，领导型大学生创业者应该考虑到未来团队成员的个性，并确保团队具有充分的个性融合，比如合群等是对冲突的管理的先决条件。有学者认为自恋会影响团队的商业计划，阻碍团队内部的互动及其结果，相对于其他典型的与企业家和企业家意图相关的特征，如经验开放性或需要能够促进团队管理。通过对相关小微企业进行调查后发现，面对冲突，大学生创业团队采用的主要解决方式主要体现为三种，一是合作，二是回避，三是妥协；通过对成员单一性的调查分析可以得到，他们选择解决冲突的方式往往与其受教育程度以及所处的工作岗位和性质有关，并且存在明显的相关性。有学者通过研究发现，在面对冲突过程中采用合作、竞争和回避三种方式的团队其相应的绩效情况是不同的，但是在不同的方式中团队成员之间的信任却是解决冲突的中间纽带。还有学者通过研究提出了解决冲突的五种主要方式和措施：整合、帮助、逃避、支配和妥协，这些方法根据冲突产生的不同原因可以进行对应解决。有些学者则认为，团队冲突多数是在大学生创业团队合作过程中或者是团队整体工作中的某个环节中产生，并且在这一情况下冲突极易上升为情感冲突，因为矛盾一旦得不到解决，情感冲突就会更加凸显，并直接导致对于团队的各种负面干扰。面对这一情况，要提前进行规划和调整，要做到战略性地看待问题和发展解决问题，要接受不同的意见和检验，并且需要团队领导人员对于冲突有着较明确的预见性。企业或者团队要做到预先准备，必须要提前形成冲突预警机制，实现企业或者团队在面对冲突时的按章办事，使得冲突不受情感所制，并且不会使企业的正常发展受到相应的影响，也能降低因为冲突带来的相关损失。同时，前期的战略目标要清晰，要成为大学生创业团队所有成员的共同目标，在面对冲突时，通过有效引导不偏离发展方向可以成为解决冲突的良好手段，同样有着明确的相同的目标前提，冲突通常不会发展为恶性，也就有效地改善了团队协同性，加强了面对冲突的合力，并且对于整个大学生创业团队而言，能够形成一定的管控机制。

第四章　创业资源与创业融资

本章针对创业资源与创业融资展开论述，围绕五个方面进行阐释，依次为创业资源概述、创业资源的类型与管理、创业资源获取途径与影响因素、创业融资概述、创业融资的渠道与选择策略。

第一节　创业资源概述

一、创业资源的内涵

企业资源是有形与无形资源的独特组合，可转变为独特的能力，而且是不可流动和难以复制的，独特资源与能力是企业持久竞争优势的源泉。根据资源基础理论，资源是企业发展的重要基础，是创业机会转变为创业实践过程中必不可少的要素。

与成熟企业相比较，新企业有明显的区别和特征。从组织方面来看，组织资源是在公司价值观体系、企业文化、制度流程以及相关事件等的共同作用下形成的根植于组织内部的系统化、程序化的资源。但新企业成立时间段难以避免地存在结构设计简单、管理模式扁平化、组织成员趋同化、职责体系不完善、组织规模较小、所有权相对集中、分工协作不明确等问题。从战略方面来看，新企业通常有明确的发展方向，在已经确定的市场机会的带领下，企业的中短期发展策略、业务流程、供应链体系和内部管理基本与之相配。由此，技术构建、人力建设、资金与融资途径等对发展方向的实现就显得格外关键。已有研究显示，无形的技术能力是新企业的重要竞争优势来源，这也是之所以能将新企业与其他企业得以区分的关键条件。从资本方面来看，资本是桎梏绝大多数新企业的原因。同样现金流也是新企业的最大阻力，并强调融资是新企业得以发展的第一要义，最好应该在早于公司成立之前就解决好资金问题。相关学者分析了新企业的资金来源，将个人财产累积、固定资产抵押、向亲戚朋友借款以及来自外界外来投资作为主要途径。从环境角度看，每个企业都需要与外部利益相关者建立稳定信任且可持续的商业关系。新企业由于缺少历史经营性记录，天然地存在着“合法性门槛”的问题。而本身在动态的市场和外部环境中，企业获取资源的成本就是昂贵的，这无疑对新企业来说是雪上加霜。

同时，资源作为资源基础理论与企业管理理论中最重要与最基本的理论之一，创业资源继承并延伸了资源的定义，创业资源是在创业者履行创业行为的所有阶段中所投入和利用的一切有形和无形资源的总和，在往后新企业成长过程中起到奠基作用。学者认为符合创业活动宗旨并参与其中的资源就是创业资源。他们指出可控制的创业资源是新企业获得竞争优势和长久发展的关键。有学者提出创业资源是新企业为实现经营目标投入的各种形式的要素与一切组合。有学者认为创业资源是新企业为了维持生存和发展去寻求与积累到的一切有形资产和无形资产的总和。

二、大学生创业资源的重要性

创业可以理解为开创一个新的企业。从无到有、白手起家。创业不仅要有资金还要有资源，相比较而言，资源对于大学生创业更重要。通常所指的资源包括资金资源、人才资源、信息技术资源、政策资源和管理资源等，从这一点看，创业资源本身包含了资金因素。其中资金不足的话可以去当地申请政府创业补贴资金，每个城市都有，只是扶持的力度不一样。从相对狭义的角度来说，有了资源，就可以设立项目进行融资，融资到位资金问题就迎刃而解。拥有丰富的资源，确定好一个项目，明确好商业模式，编制好商业计划书后可以向众多的银行金融机构贷款。大学生作为初创者最大的缺点就是抗风险能力极差，即使有好主意也很难把它完善，最终大部分不成熟创业都会被各类风险给刷掉，这种情况下，资源就起到非常重要的作用，有了资源就是收益的最低保障。所以无论大学生能力如何，要有生产就得有资源，谁能独占资源谁就能控制市场。唯一能打破这种规律的方法就是自己造平台，然后用自己的平台去产出，但一般的大学生初创者根本没有这样的资源，导致了创业的困难。

三、大学生创业资源的开发

（一）良好的个人素质是大学生创业成功的基础

大学生创业要有一双善于发现的眼睛，同样的资源，在每个人的眼中都拥有不同的价值。有的人能发现利用资源，发挥其价值，有的人可能因为熟视无睹就错失了一个利用资源的机会，二者之间的差距仅是思维与观察角度的不同，就导致了结果的不同。创业首先要有智慧的头脑，这样才能牢牢把握住创业的机会，这种个人智慧产生的价值其实就是属于个人的智慧资源。无论是创业方向的定夺、战略的确立和战术的制定，还是市场各种要素及关系的协调、处理与利用都需要创业者用自己的智慧去辨识、洞察。智慧资源是创业过程中创业者的专属资源，也是创业是否成功的关键。在创业过程中除了创业者本身的智慧资源之外还需要他人的智慧资源，创业不是一个单打独斗的过程，也需要汲取他人的智慧资源，为自己的创业过程提供智慧力量。

（二）国家和社会适度资源倾斜是大学生成功创业的推力

1. 大学生创业服务指导

对于有意愿创业的大学生，当地会有免费咨询服务机构，大学生可以免费获得由机构提供的创业信息和创业指导服务，具体了解国家对于大学生创业的各种政策信息、就业信息、融资信息等，明确对创业的认识。

2. 大学生创业相关税费减免

如果大学生是毕业两年以内学习从事创业项目，在开始之日三年之内，可以享受每户每年 12000 元为限额依次扣减其当年实际应缴纳的增值税、城市维护建设税、教育费附加、地方教育附加和个人所得税。

3. 大学生创业中免轻处罚

一些社会管理单位在我们大学毕业生在投资过程当中出现了轻微情节或者是没有对社会和他人造成危害的一般违法行为，只是进行警告的处分，帮助大学生纠正错误，而不会进行任何方面的处罚。

4. 大学生创业享受培训补贴

对于我们大学创业出来的小微企业项目当中，只要我们能够签订一年以上的劳动合同并且缴纳社会保险，将给予各方面的保险补贴。对于毕业生还有各方面的免费创业培训。根据相关创业数据来看，有了国家的政策支持，大学生创业相对来说成功率还是比较高的。当今社会竞争激烈，很多的毕业生无法找到自己比较满意的工作，所以用创业来实现就业也是不错的方式。

5. 市场竞争是大学生成功创业的考验

市场是接触客户和消费者的渠道，只有通过市场渠道来和消费者建立关系，才能推动产品销量。目前，我们处在一个信息化的时代，市场资源凝聚了大量客户信息，市场资源就是销售力。随着商业的不断发展，市场竞争力越来越激烈，掌握更多的市场资源不仅意味着可以节约很多的时间成本，最关键的是能快速熟悉市场资源，实现创业项目的成功发展。市场资源整合的能力将决定着创业者的成功与否。因此，大学生在创业过程中应该进行市场调研等工作，尽快掌握市场资源，以便能快速适应市场竞争。

6. 资金支持是大学生创业的基本保障

现在创业的人越来越多，都想拥有一份属于自己的事业，都想跟紧创业的步伐，但是想创业需要一定的资金。俗话说得好，君子无本难行利。对于大学生来说，刚走出校园，资金已成为创业路上的绊脚石，而当下获取创业资金的办法也不少。目前在大学生创业过程中众筹是一种比较受欢迎的融资形式，因为众筹不受创业项目类型的影响，只要拥有创业项目都可以通过众筹的方式来获得创业的启动资金。其次寻找合作搭档也是一个不错的选择，合作搭档会提供一定的资金支持，而且一般投资商都是有过创业经验，对于刚创业的小白来说，这样一个带资且经验丰富的对象是不错的选择。

7. 人才培养是大学生成功创业的不竭动力

当今社会，人才的竞争是十分激烈的，只有拥有专业扎实的技术与知识，才能在众多人群中脱颖而出。人才为大学生创业提供了不竭动力，有了人才的加入，创业者才能在竞争中取得优势。人才资源的开发是时代的必然趋势，特别是在激烈的市场竞争中，创业者之间的竞争已经发展为了人才之间的竞争。大学生在创业时由于经验不足，可以寻求一些专项性的人才，有计划地进行人才开发和培养，把人才的知识、技术作为一种资源进行挖掘和利用，依靠人才对创业事业进行创新和改造。

第二节　创业资源的类型与管理

一、创业资源的类型

（一）运营型资源

创业资源主要包括运营型资源和知识型资源。其中，运营型资源包括资金、设备、厂房、装备、技术专利等资源，能够支持企业日常运作。

（二）知识型资源

知识型资源通常是指难以被竞争对手复制的专业知识和技能或企业运作信息，可以帮助企业形成独特的核心竞争力。

目前，学术界对于创业资源的研究大多聚焦于资源与创业企业关系，主要体现在两个方面：一是资源对创业绩效的影响等揭示因果关系的实证研究。例如，研究发现，创业资源内聚和创业资源耦合两种资源整合行为能够正向影响新创企业绩效。二是企业突破资源约束的相关案例研究，借助案例剖析创业企业如何将创业资源与企业机会进行最优配置，进而实现价值创造。

二、创业资源的管理与整合

（一）创业资源的科学管理

无论是在创业初期还是在企业成长过程中，创业资源的科学管理都是必不可少的。对创业资源的管理过程，实际上也是对创业资源的优化配置过程主要包括资源“优化组合”和“查缺补漏”。

1. 对现有创业资源进行优化配置

这就需要创业者对创业资源进行分类排序，当然这不是说某种资源比其他资源更重要，而是指企业处于某一特定的阶段，在这一阶段起主导作用的资源是什么、起辅助作用的资源是什么，从而确保在资源配置时做到重点突出。

2. 依照“木桶效应”，进行查缺补漏

我们都知道“木桶效应”在木桶中决定了木桶盛水量的不是最高的木板，而是最短的那一块。把这个原理合理用在资源管理中可以知晓，在众多的资源中我们不能只考虑重要的资源，只加大对重要资源的投入而忽略其他资源，创业者应当具有综合判断的眼光，思考哪一种资源的缺乏会导致其他资源的不合理利用和浪费。在对主导资源的利用和投入时要充分做好资源储备的“预判”管理。这样才能在不同的创业阶段合理搭配各种创业资源，使创业之路顺利进行下去。

（二）大学生创业资源管理整合策略

1. 构建大数据资源平台

高校应该为大学生创业资源整合做好服务保障，首先获取优秀的商业计划，理性甄别商业计划提供者的建议，委托专业机构编制评估行动方案，合理预测和分析商业计划构思的可行性，不可盲目相信某种商业创意，全面对该商业计划进行论证，以期获取核心技术创业人才资源。在此基础上，充分融合数据清洗技术，应用云计算数据来集成产业变革数据，构建行之有效的创新创业服务信息。创业资源无处不在，依靠网络爬虫技术可以分析和处理网络最新的创业信息技术和内容。通过处理热点数据，精细管理网页、论坛、微博中的各项资源，提供持续更新的创业资源。与此同时对资源进行实时监控，采取定期挖掘热点信息的方式，强化对大学生创业支持服务方式的稳定性和安全性，创设预留接口全面协调搜索以及查询体系，实时化管理产业变革数据，力争决策方案的准确性。优化数据资源档案，及时录入创业资源管理系统，增强自动化识别的性能。此外借助大数据技术，做好创新创业有关政策的导向与传播工作，最大限度地挖掘其中有用信息，让更多的高校在校学生能够从国家的支持政策中获利。同时选取成功与不成功的创业案例作为对比，提取其中失败的原因和关键点，让学生创业积极性得到深度激发。

2. 创业资源共享协同运行

在大数据时代背景下，大学生创业资源共享平台建设迎来了新的契机。高校要把握好有利时机，加强信息化创业资源共享平台的建设，利用大数据筛选、过滤信息资源，争取更多社会资源，激发学生创业热情。拓展校内平台和校外实践平台，积极发挥自身及项目优势，提高资源吸引力，提供更多有价值的帮助。实现创业资源互补、累加，帮助学生实现数字化创业，将线上和线下资源高效整合，充实学生创业知识体系，为丰富学生沟通能力、交际能力、创业经验提供保障。

第三节　创业资源获取途径与影响因素

一、资源的获取

（一）资源获取的内涵

资源在企业的成长过程中扮演着关键性的角色。有学者对西班牙新创企业的面板数据研究表明企业的资源条件在新创企业创立以后10年内对企业的成败至关重要，尤其是在第一年，企业资源直接决定着企业能否成活。经济学家彭罗斯的资源基础观最先开始研究企业内部资源对企业成长的影响，将企业视为资源的结合体，并且构建了企业资源—企业能力—企业成长模型。资源基础观将企业资源视为企业竞争优势的来源，尤其是具有稀缺性、不可复制性、不可替代性的资源。然而静态的资源基础观将视角局限在企业内部的资源及能力，忽略企业为了在动态的环境中生存发展而与外部环境的互动，这使得其存在着不可避免的局限性。尤其对于新创企业来说，企业内部资源短缺是非常常见的状况，对于这些企业来说如何解决获取资源、整合资源的问题更加至关重要。

（二）资源获取的理论依据

资源依赖理论有四个重要内涵：（1）企业的首要目标是追求生存发展；（2）企业为了生存和发展，必须拥有一定的资源，但是往往企业不能完全依靠自己生存这些资源；（3）企业必须与外部拥有资源的组织互动来获取资源；（4）企业生存必须拥有控制与外部环境关系的能力。

（三）资源获取的维度划分

目前对于资源获取维度的划分最常见的是按照获取的资源类型进行划分。国内的创业学者们普遍将资源获取划分为运营型资源和知识型资源。其中运营型资源主要包括人力资源、技术资源、资金资源、物质资源、组织资源以及市场资源等企业运营过程所需的基本资源；知识型资源则是指企业关键性的战略性资源，主要是企业拥有的知识资源。知识型资源是企业的成长以及获取竞争优势的主要来源。有学者在此基础上将资源划分为政策型资源、运营型资源以及知识型资源。有学者将平台企业资源获取划分为知识资源获取以及信息资源获取两个维度。有学者将资源获取分为资源获取能力和资源获取结果两个维度，资源获取能力指企业获取所需资源的能力，资源获取结果则指企业最终能否获得资源，以及这些资源最终是否能够长久为企业带来竞争优势。有学者从创业者的角度将资源获取划分为对环境中宽松资源的感知以及创业者获取创业资源的自我效能感。创业者对环境中资源充裕程度的感知以及获取资源的自信程度都是企业资源获取能力的重要指标。

二、大学生创业资源获取的途径

创业者资源获取途径主要有两种，即知识型资源获取和运营型资源获取。

（一）知识型资源

知识型资源获取途径有政府政策性机制、创业学习行为以及创业者行为技能，这类资源对企业长期绩效和竞争优势具有显著影响，通常在不确定性环境下发挥作用。

（二）运营型资源

运营型资源获取途径有合作机制、创业资源沉淀以及创业网络，企业主要依靠产权形式实现资源控制和价值创造，该类资源可以为企业日常生产运营提供支持和保障，对企业短期绩效具有显著影响，通常在稳定的环境下发挥作用。

上述两种资源获取途径并非完全割裂的关系，在特定情境下，知识型资源可以转化为运营型资源，而运营型资源的限制性会刺激知识型资源获取。例如，政策是一种特殊知识资源，政府通常会为创业者提供一系列创业扶持政策与补贴政策，通常这种资源可以被转化为支撑创业启动的运营型资源。

大学生创业者在创业过程中，大多利用其创业网络、自身行为技能以及创业学习行为获取创业资源。接下来，针对这 3 种途径作具体阐释。

1. 创业网络

有学者认为，创业者与外部环境间的联系就是创业网络，家人、朋友、顾客、中间商、供应商、合作伙伴等都是创业者的创业网络。例如，由华为离职员工组成的华友会在资源、资金方面给予张志强很大的支持。一方面，成员们通过互相推送职位信息和行业最新情况交流学习；另一方面，华友会经常邀请嘉宾，分享各自经验。创业网络提供给创业者最重要的资源是社会资本，这是一种由关系网络、互惠、信任和社会规范产生的有利于参与者行为的生产要素。需要注意的是，创业网络并非是创业者可以直接利用的运营型资源，但是通过创业网络获取的社会资本是重要运营型资源，对于其他创业资源获取具有促进作用。一方面，可以帮助大学生创业者拓展资源获取广度，连续创业者在先前创业过程中已建立起由上下游企业、顾客、中间机构等组织构成的社会关系网络，连续创业者再创业时可以根据自身需求，向其社会关系网络中的某一成员寻求帮助，获取运营型资源，同时社会资本的互惠、信任机制对企业家创业资源获取行为具有保护作用；另一方面，社会资本可以帮助大学生创业者提升资源获取的有效性，由于大学生创业者网络中存在家人、朋友等关系，在一定程度上，上述关系之间存在一种高度的信任机制。在合作过程中，双方合作意愿较强，因而企业家资源获取的有效性较高，同时可以促进资源获取效率提高。

2. 创业者行为技能

创业者行为技能是创业者个人特质的体现，一方面是指大学生创业者在创业过程中所体现的个人特质，如勇气、胆量等；另一方面是在创业过程中所展现的一系列行为技巧，包括企业印象管理和说服性沟通行为。它既是一种贯穿于创业实践全过程的创业者独有的知识型资源，也是企业日常管理不可或缺的资源，更是运营型资源获取的关键。创业失败会给创业者带来沉重的身心创伤，如大量负面情绪和对未知的恐惧。连续创业者选择继续创业说明其具有面对困境的韧性，也具有继续创业的勇气和胆量，这是一种特殊的创业资源。此外，创业者行为技能也可以撬动资源，大学生创业者利用印象管理向投资者传递个人声誉、个人能力、过去所取得的成就以及创业网络质量等信息，进而对资源获取起一定的促进作用。说服性沟通行为主要是创业者利用自己的沟通技巧向投资人介绍创业项目优势与发展前景，进而获取运营型资源。大学生创业者行为技能是资源获取过程中至关重要的因素，通过一定的行为技能进行创业项目阐释可以有效获取天使投资，这种形式被称为创业路演。创业路演是指创业项目代表通过线上或线下形式向投资方介绍自己的产品、项目和规划，以此吸引投资。这是信息传递与沟通的过程，所利用的工具就是创业者的说服性沟通技能。

3. 创业学习行为

创业学习所获取的资源是知识型资源，主要体现在经验积累与知识技能两个方面，这种资源与创业者能力息息相关，可以提升大学生创业者创新能力和创新意识，失败经验则能够帮助创业者提升机会识别能力。因此，在整个创业实践过程中，创业学习是至关重要的。首先，连续创业者可以从先前失败经历中获取创业经验，即创业失败学习，主要是对创业失败经验的总结与复盘，分为自我学习、内部学习和外部学习。自我学习是指了解自身优缺点，改善自身不足；内部学习是指对于企业内部情况的学习，包括通过分析企业优劣势与企业战略找出失败的原因，学习相关技能，从而避免再次失败；外部学习是指对于内外部关系的学习，大学生创业者通过分析企业内外部关系，学习增进关系的技能。创业失败学习既能激发连续创业者再创业意识，提升机会识别的准确性，又能够使再创业企业更好地成长。其次，大学生创业者根据创业项目需求，学习特定知识和技能，这种持续学习是企业创新的源泉。

三、影响大学生创业资源获取的因素

（一）经验学习对创业资源获取有正向影响

首先，经验学习的积累和形成与每个人的成长环境、家庭生活、教育过程以及社会关系有关。也就是说，大学生创业者从经验、教育、网络、榜样、家人等途径中学习新的知识，不断地更新所积累和学习到的知识资源库，并基于此来反思和改进创业决策和创业活动。同时，出于完成创业活动的目的，准大学生创业者在此阶段学习的重点是如何获得创业成功所需要的知识、资金和技能，为创业成功埋下物质基础。

其次，经验学习的过程多产生于一个人的青年阶段，青年大学生的社交特点是彼此之间有相似的兴趣爱好、有类似的追求和志向，大家性格相近、亲密无间相互懂得对方等等。所以，在高校学习阶段能够促使大学生创业者积累相对稳定、坚实和持久的社交网络，形成有利于未来创业活动的社会关系。

最后，大学生创业者通过亲身体验、学习与经历造就了自己的知识走廊作为解决管理内部组织、控制企业风险、制定发展战略的指南，也成为了解顾客需求、预测市场发展趋势的参考，保证了企业自我资源配置的能力及运用新知识与信息的创新能力。这有助于大学生创业者克服创业过程中的内忧外患，为企业带来更多正面的管理组织活动，助推新企业的成长。

（二）认知学习对创业资源获取有正向影响

首先，认知学习主要依附于外部伙伴的知识外溢，在自身获取资源受限的状况下高效且准确地学习自身所需要的创业各个环节的技能与知识。这将为大学生创业者获得性价比更高的物质资源提供条件，例如大学生创业者可以在与行业熟人或相关专业的老师、专家交流中，在对创业企业的原始物料来源、价格、运营成本等比价的过程中，找到最佳路径的物质资源和维护方式。

其次，人力资源是大学生创业企业实现创业目标的关键资源，在认知学习过程中不断加强的社会关系网络为创业者的创业活动积累了有针对性的社会交际网，也就更有可能找到最佳的合作者、提供商、员工等人力资源。与此同时，随着认知学习的社交行为和频率的增长，社交网络会越来越大，例如通过熟人介绍认识新的相关从业者或相关专家，在研讨会、座谈会中认识新的朋友等，与他们的交流探讨都是认知学习的过程。

最后，认知学习行为为那些不具备相关创业知识的大学生创业者以及对市场环境认识不足的创业者提供了一种高效的组织管理方式，即他们可以搜寻、效仿与学习同行业中其他成功企业的行为来制定相关的战略、选择经营决策、进行内部管理。除了对创业成功行为学习和社交学习以外，对其他创业者的失败行为进行学习和思考可以规避用错误的方式去解决新企业运营和管理过程中遇到的问题，这同样对组织管理有重要作用。

（三）实践学习对创业资源获取有正向影响

首先，实践学习让大学生创业者在以往的创业实践活动对于资金、设备、技术等资源获取已经有相应的经验可以作为参考，从而更有可能主动取得与创业活动有关的各种有形或无形的资源。同时，连续的大学生创业者对外部环境养成一定的敏感度和评估反馈系统，从而具备对手头资源进行合理利用与高效分配的能力。此外，创业活动的失败也让大学生创业者意识到自己拥有的知识和技能不能满足创业活动的需要时，就会重新探索资源和实践学习，进而弥补自己的资源和学习漏洞。

同时，社会网络是促进大学生创业成长与发展的关键因素。在实践学习中，大学生创业者在连续创业实践的过程中会遇到与之拥有共同的利益和目的以及相似价值观的团队成员，哪怕创业失败，大多也会保持长期而牢固的社会关系。据此构建的关系纽带常常具有共享性，他们愿意为创业活动共享资源（知识、人力、技能、信任、观念等）。

实践学习包括创业活动的正面与负面的经验。就前者而言，应对市场不确定性并能够立足于激烈的市场竞争中的正面经验一定是大学生创业者运用了合适的管理手段和组织网络，这对后续的创业活动或再次创业都提供了良好组织资源。在其中，大学生创业者也会更好地了解环境信息与商业机会、分析现有行为的优缺点、判断自身能力可否应对不确定或不利因素。就后者而言，大学生创业者同样应该从自己的失败中学习。每位创业者在创业失败后为了防止再次失败一定会总结失败经验，对之前的创业活动进行批判性反思，找寻失败的根本性因素来改善自己的组织资源架构的过程也是增加组织资源的过程。

第四节 创业融资概述

一、融资的类别与方式

（一）类别

融资资源是初创企业需要准备的重要资源，可以分为股权融资和债权融资，股权融资根据企业发展阶段又可分为种子期（天使期）、发展期、成熟期等。企业在发展的不同阶段会面临不同的融资需求，可通过综合使用不同的融资方式满足发展中的资金需求。企业要关注自身的发展阶段和特点，积极需求和未雨绸缪的安排融资资源。

（二）方式

市场经济背景下民营企业获取资金通常包括内源融资、外源融资两种方式。内源融资是企业利用自身累积财富追加投资，由于资金来自企业内部，不存在利息、股息等额外支出。外源融资则是利用其他的经济主体获取资金对自身企业进行投资。在市场经济背景下，外源投资逐渐成为民营企业的主要资金获取方式，同时外源融资存在的风险也是民营企业必须要慎重衡量的因素。

二、股权融资的分期

（一）种子期

在大学生创业团队成立之初，对于产品可能只有一个大致想法，对于要解决的问题只有初步的理解，或者已经掌握某种领先技术正在寻找使用场景，又或者几个志同道合的伙伴想一起进行创业，但是对于具体的商业模式还在论证探讨。此时，企业可能尚未注册成立，大学生创业团队只有几个人，团队在关键岗位的分工还有待完整。在这个阶段，企业通常并不需要大量的资金，但是由于产品有待研发和商业化，并且还不能即刻提供销售收入，再加之团队本身也需要解决生活开销问题，因此往往需要对外寻找资金。即使团队成员本身有一定积蓄作为初期的发起资金，但在一定时间之后也依然需要对外寻求融资。这一阶段，由于企业还没们商业收入，因此银行无法提供借贷，所以寻找天使投资人和政府资金支持便成为这一阶段的主要外部资金来源。

天使投资人这一概念源自美国硅谷，一般是指已经实现财务自由的个人，如企业主、律师、教授等高净值人群。他们会拿出一小部分资金去承担高风险，将之投入到新兴行业的新兴企业中。

建议创业团队在这个阶段，寻找专业的个人或机构，最好是有相应领域创业经验的天使投资人来进行投融资对接。因为对于创业团队来讲，早期的资金需求背后，更重要的是资金所带来的社会资源和创业经验，好的天使投资人带来的不仅仅是资金，而且是对企业各方面需求的发现和资源的链接。有相应领域创业经验的天使投资人可以带来一手的行业信息和洞见，帮助团队少走弯路实现快速成长。接触天使投资人和投资机构最好从自身熟悉的社交圈开始，因为在这个风险最高的阶段进行投资最看重的是人，对人的熟悉和信任是双方谈判与接触的基础。团队可以通过校友组织、商业行业组织去接触和寻找投资人。投融资的接触过程可能持续数个月，因为投资人也需要在沟通过程中观察和评估团队的进展，反复考察团队创始人的领导力。另外，虽然在这个过程中团队可能会遭遇多次拒绝，但是如果在交流中能够获得有益的建议和商业线索，也是有价值的。融资是一个双向选择过程，当多个投资邀约可供选择时，大学生创业者也应综合考虑投资人除了金钱之外所能带来的价值和对团队愿景的认可，因为早期的投资人相当于团队的合伙人，会陪伴团队很长时间，寻找到价值观一致并且能够赋能团队的投资人比单纯地拿钱更重要。

另外，政府的资金支持也是这个阶段可以获取的重要融资资源。各地政府为引进高科技人才都制定了相应的政策补贴及优惠条件，包括房租及研发补贴、落地奖金等，创业团队可在政府网站查询信息，或咨询相关工作人员，根据自身对应条件申请。

（二）发展期

当团队的产品已经推向市场并取得一定成绩，在关键岗位上的分工已经各司其职，对于行业也有了进一步理解时，就进入了发展期。发展期往往伴随着销售收入和人员成本的高速增长，此时团队虽然有了一定的收入，但由于团队人员正在快速扩张，因此带来了更高的资金压力，所以依然需要外部资金。这一阶段的主要融资方依然是股权投资中的风险投资（创业投资），投资方主要关注的是项目的未来前景和成长性，以及最终是否能够在资本市场上实现高回报的退出。在大学生创业团队接触和选择投资机构的过程中，要注意自己的项目领域和阶段与风险投资机构的匹配性，不同的风险投资机构有不同的关注领域和阶段，需要在融资前筛选出有契合度的风险投资机构，并且准备好融资材料和商业沟通，在必要的情况下也可以使用财务顾问机构。财务顾问机构可以帮助大学生创业团队对接投资人，打磨商业计划书和帮助推进融资，他们以融资成功后获取融资额的几个百分点作为酬劳。使用财务顾问机构需挑选正规机构，并提前了解该机构的口碑和工作方法。兵马未动粮草先行，要有预见性地规划公司的财务需求和相应的融资计划，不能把公司的生存寄希望于一次融资的成功与否。尤其在投资市场偏冷时，投资更会倾向于观望，只有在团队证明了自身造血能力的情况下，投资人才会考虑投资。

（三）成熟期

成熟期的大学生创业团队，其产品或服务已经在行业里具有了一定影响力，其中优秀的团队已经有了领先于竞争对手的市场占有率和美誉度。此时，创业团队规模一般比较大，企业已经或者即将整体盈利，并准备上市或者估值已经进入比较高的水平，例如，被用来称呼未上市但估值已经超过 10 亿美元的企业——“独角兽”。在这个阶段，企业本身的资本市场路径已经比较明确，比如已经有了某个市场上市的时间表和路线图，融资需求可能同时结合了股权和债权。潜在投资人以投资临上市企业的私募资本为主，同时可能有券商的投资和银行的借贷。在这个阶段已可以考虑银行借贷，这是因为，一方面企业本身已经有了稳定的现金流和成熟的商业模式，银行有信心放贷；另一方面企业经过几轮融资，创始团队的股份已经稀释得比较多，在对自身盈利情况有把握的条件下，使用债权而不是股权获得资金也是避免创始团队股份过分稀释的一种方法。

第五节　创业融资的渠道与选择策略

一、大学生创业融资的渠道

大学生在寻找创业资金方面可以分为三大来源：股权投资、债权融资和政府资金，下面分别从这三个方面依次介绍：

（一）股权投资

股权投资是大学生创业团队首选的资金来源，具体包括团队自筹、创业投资（风险投资）、众筹。

1. 团队自筹

在大学生创业团队最初建立之时，团队的所有成员或者部分成员出钱成立公司并占有相应的股份，这种形式称为团队自筹。需要注意的是，团队出资和股份比例完全对应只是股份分配的一种可能，更多的时候出资额度和股份占比并不完全对应，团队的股份分配体现的是对公司贡献的权重。建议预留一部分期权（未分配股份）用来吸引未来加入的人才。团队自筹资金的优势在于，一方面可以快速筹集资金，另一方面也体现了团队成员对项目的投入。团队自筹资金的劣势在于，一般来说只能支撑企业最初阶段的成本而不能长期支撑，并且大学生创业如果过分依赖团队自筹也会脱节于资本市场，因为融资本身也是市场对创业团队的一次考验，所以大学生创业团队的发展即便以自筹资金开始，也应快速地进入下一个阶段，即寻找外部投资。

爱彼迎这一共享经济的鼻祖在团队早期需要资金支持时，曾经通过售卖麦片来筹措资金，网讯在创业之初也曾为了获取收入一边接外包项目一边打造产品，并分别坚持到了获得风险投资融资之后，为团队赢得了宝贵的生存时间。

2. 创业投资

创业投资（风险投资）是大学生创业团队需要接触的主要股权投资。股权投资根据企业发展阶段又可分为种子期（天使期）、发展期、成熟期，创业投资（风险投资）也覆盖了以上各个阶段。在种子期（天使期）以个人投资者和小型机构为主，在发展期以 VC（风险投资）为主，在成熟期以 PE（私募股权）为主。创业投资（风险投资）寻求高风险高回报的机会，以较低价格投资创业企业的股权，目标是在二级市场上市套现或者在后续企业融资当中以更高价格出售部分或者全部老股（收购）。创业投资（风险投资）相比债权融资可以承受更大的风险，但同时要求更高的预期回报。好的创业投资带来的不仅是资金，更重要的是对行业的洞察和指引，以及宝贵的社会资源等。

3. 众筹

众筹也是源自于硅谷的一种融资方式，包括股权众筹和产品预售两种。以 Angel List 网站为例，诸多天使投资人会在网站发起项目，联合其他投资人投资，把一笔投资以某个金额切分成若干份，参与众筹的投资人可以按照不同金额和相对应比例购买不同份数的投资。大学生创业者也可以发布自己的项目来吸引投资人投资。产品预售则是通过网站预先把尚未面世的产品进行展示介绍以吸引感兴趣的消费者提前打款，回收的款项用来支撑公司的费用，以某两大众筹网站为例，消费者可以在网站上浏览项目，从智能硬件到公益服务，可以按照不同的金额分类支持项目，项目方会承诺众筹目标达成之后，在一段时间之内交付产品或服务，如果达不成最低额度则众筹失败，众筹的金额将原路返还给投资人。众筹的优势是易于发起，并且特别适合交货时间长的智能硬件类型大学生创业企业，但劣势在于对于投资人的收益往往难以保证，所以近年来趋于式微。国内曾出现的一批股权众筹网站基本已经销声匿迹。产品预售类众筹则主要集中在淘宝、京东等为数不多的电商平台上，目前依然可以作为智能硬件及文创产品的一个筹资渠道。

（二）债权融资

债权融资的主要形式是银行贷款。在向商业银行申请贷款时，一般都会被要求进行相应的抵押或担保，而大学生初创企业和创始人又往往缺乏资产，因此就需要综合考虑初创企业的现金流和资产负债。在国家鼓励银行贷款助力小微企业发展的背景之下，可以恰当使用政策。例如，在杭州有针对大学生创业企业的风险池，每年固定向符合条件的大学生创业企业发放 10 万元到 200 万元不等的贷款，可循环使用。又如一些商业银行推出投贷联动项目，会联系一些自己认可的投资机构推荐自己已投资的项目，并提供一定额度的授信，背后的逻辑是银行将信任投资机构的判断作为风险控制的一部分。债权融资的优势在于成本只是本金加利息，不需要出让公司的股份和部分控制权；劣势在于增加了企业的现金风险，一旦公司陷入资金紧张的情况，或者大学生创始人过于乐观估计公司收入导致资不抵债，就会引发严重后果，所以建议使用之前一定要仔细规划。

（三）政府资金

政府资金包括各种财政补贴、奖金、税收返还等。当前各个地方政府为了吸引优秀大学生创业团队和人才落地，纷纷推出各种政策。以杭州为例，一个大学生创业团队可以去申请的政府资金包括但不限于：大学生创业基金 5 万—20 万元（奖金）、梦想基金 20 万—50 万元（投资）、科研资金（不超过 25% 的全部开支或每年不超过 300 万元）、政府引导基金跟投、房租及税收减免、相关比赛及荣誉奖金等。企业需要申请政府资金时，建议全面了解所在地的不同政策，根据企业自身情况申请。以一个注册在“梦想小镇”的大学生创业企业为例，可以申请梦想基金、大学生创业基金、房租补贴和科研资金，如果申请到了国家高新技术企业还可以获得数十万元的奖金，多种政策可以叠加使用。同时，建议大学生创业团队在申请政府资金支持的同时，也需牢记创业企业做好业务是根基，不要因花费过多时间去寻求政府资金面耽误企业的正常发展，反面案例是有些大学生创业团队，一门心思申请政府资金，整日出现在各种比赛和评奖中，虽然拿到了一定的资金，但最终却因荒废了业务，而导致创业彻底失败。

二、大学生创业选择融资渠道的策略

（一）确定目标和充分准备

兵马未动，粮草先行。融资无论是采取哪种方式，都需要预留足够的时间和提前确定目标。融资的目的是为企业的发展准备相应的资金和资源，而不是企业陷入困境时的救命稻草。作为大学生创业团队的创始人，虽然不需要每个时刻都在融资，但是却要时刻关注公司的现金状况和发展节奏，提前设定融资的时间点和融资月标，常态化地保持对资本市场的了解，尽量保证企业现金充足。红杉资本对现金充值的定义是企业账户上要有支持 18 个月成本的现金。融资目标包括一轮融资开始和结束的时间、理想的融资金额区间和估值区间，以及融资可以接受的限制性条款等。限制性条款包括创始团队的多年绑定、禁止竞业条款、回购条款和对赌协议等。大学生创业团队创始人需要根据团队的实际情况早做打算，并且制定兼具灵活性和可操作性的目标。对于大学生初创企业来讲，早期的融资，其重要的目标是快速引入所需的资金和获得优质的伙伴，估值和金额则是次要目标，因为总会存在下一轮，只要公司发展得好就有机会获得更高的估值和融资额度。盲目追求高估值和大额度会极大地影响融资的成功率，或者因为要达到这些目标而接受了实际很难达到的对赌协议和回购要求等，从而伤害了公司的长期发展。

（二）创始人主导投融资过程

在资本市场繁荣发展的今天，财务顾问成了投融资市场里新兴的一股力量，大学生创业人因为自身缺乏对资本的了解，抱着病急乱投医的想法，把自己的融资成败托付给财务顾问，认为只要等着财务顾问帮其安排会议准备讲稿就可以搞定融资，这种做法是错误的。不管是否使用财务顾问，创始人必须主导投融资的过程，因为融资涉及企业发展的生死，而对于财务顾问来讲，这只是他同一时期推进的若干个案件之一，对其来讲失败固然有损失但也完全可以接受。在融资过程中，核心是大学生创业者是否能够向投资人传达团队和商机的吸引力，财务顾问可以帮创始人打磨路演的材料，准备问答和约见投资机构，但最终还是要看创始人是否有足够的说服能力，可以把自己的梦想销售给投资人，这是其他人无法取代的。

（三）融资失败的备选方案

虽然做了各种准备，见了很多投资人，但还是有可能无法达成投资意向，或者双方无法就关键条款达成一致而导致融资失败。大学生创业者在融资发起之前就需要做好融资失败的准备。经纬投资的张颖曾在内部活动上多次对被投资企业强调“自强则万强”。投融资的过程往往持续数月，在这个过程中投资人也在借时间观察创始人和团队。如果大学生创业企业资金紧张，在几个月之内不拿到钱就无法生存，投资人往往就更没有信心投资，内心害怕自己变成最后一棒的接盘侠。融资失败的备选方案，不管是裁员断臂求生，还是通过外包创造收入养活团队，都需要在融资之前就计划好，才能给企业赢得时间和机会。

三、大学生创业融资的困境及对策

（一）大学生创新创业融资困境现状分析

1. 融资资金不足

资金问题是大学生在创业中面临的核心问题，创业者能否顺利融资，对创业项目的成功具有重大意义。企业创立的首要条件要有一定的创业资金作为支持，任何一个创业项目，在成立初期需要场地租赁、办公设施、经营材料、人工成本、税费等开支，充足的资金是保障项目顺利运行和企业正常运转的基本条件，资金不足是很多创业者面临的共性问题。在创业中期，资金不足也是创业者同样会面临的问题。项目逐渐成熟的阶段，需要大量的资金进行维护，如技术的更新维护、人工成本的消耗、规模的扩大等，而在这个阶段如果出现资金供给不足、资金链断裂，会给创业者带来更大的损失和影响。充足的资金是保证创业每个环节顺利进行的必要条件，而实际生活中，资金不足是创业者的常态。

2. 融资渠道有限

根据当前大学生创业融资现状来看，融资渠道主要包括两种方式。一是内源融资。大学生内源融资主要包括创业团队成员自有资金，其次是成员的家庭融资。

创业团队成员自有资金即合伙融资，此种方式按照出资比例共同出资，融资周期较短，可尽快获取创业初期和经营中所需资金，缓解资金短缺压力。但是这种融资方式也存在一定的问题，会降低经营决策的效率，在后续发展中出现意见不一而影响企业的发展，而家庭融资只能暂时满足部分资金需求。二是外源融资。外源融资主要包括银行贷款、风险投资、政府和高校创业扶持基金等方式。银行贷款是大学生所能想到的最常见的融资渠道，但是银行作为重要金融机构在发放贷款时往往要求抵押或担保，手续烦琐，程序复杂，这些成为大学生银行融资很难克服的障碍。

3. 融资门槛过多

银行贷款是大学生最常见的融资渠道，但是在融资过程中存在很多门槛限制，对不同的企业有不同的态度，对融资造成很大的阻碍和困难。首先，对大学生贷款要要求抵押或担保。对于大学生来说，还没有创收能力，没有足额抵押物，也很难完成担保，而银行对大学生创业群体评估存在警惕性，认为贷款存在一定的风险，失败率大，贷款偿还困难。商业银行为了降低风险减少损失，要求抵押物或担保人。其次，对于刚毕业的大学生，银行为了规避风险，在创业贷款过程中设置了很多门槛，银行提出严格的条件和烦琐的贷款手续，不仅增加了融资成本，还延长了放款的周期，导致资金的运用失去了及时性，降低贷款成功率，让大学生望而却步，只能选择其他融资渠道。另外，即使放贷，大学生贷款额度一般较低，导致融资渠道受阻。

（二）改善大学生创新创业融资困境的对策建议

1. 全面提升大学生创业能力和创业质量

从自身层面分析，改善大学生创业融资困境主要做到以下几点：加大创新思维培养力度，加强理论知识学习，提高自身综合素质，培养创业融资技能。创新思维和创新理念是大学生创业活动的重要组成部分，在 5G 时代，创新意识和创新思维决定着创业项目的高度和未来长远的发展，能够帮助大学生改变固有创业模式，洞察市场发展动态，明确创业方向，适应社会环境的变化，保持市场的竞争力和活力。当前经济发展环境多变，经营模式、营销模式不断变化，同时大学生创业融资渠道也逐渐在向多样化转变，因此大学生要不断提高创业能力，开拓新模式，根据创业项目特点及资金需求，综合考虑投资风险，投资回报率，扩宽融资渠道。在项目选择上，提高创业质量，选择创新性强、技术含量和经济附加值高的项目，从而增加项目的吸引力和收益率。

2. 加强社会对大学生创业的支持

目前解决大学生创业融资困境，首先要完善创业融资体系，拓宽融资渠道。

（1）金融机构放宽对大学生贷款的限制条件。商业银行作为大学生融资的主要选择对象，针对大学生创业的特殊性，简化融资手续，缩短审批时间，改变抵押贷款和担保贷款的融资方式，提高贷款效率，根据大学生创业优惠政策，对大学生开辟绿色通道，切实解决大学生融资困难问题。另外，投资公司加强和大学生创业项目的合作，从而解决融资难题。

（2）政府创业优惠政策的扶持。政府在进一步完善大学生创业优惠政策的同时，引导高校和企业建立长期的合作机制，对技术含量高的创新项目给予财政支持和税收减免，缓解大学生创业融资困境。另外政府还应搭建高校、金融机构、投资机构等服务一体化的平台，为大学生提供更多的融资渠道和便利条件，同时为大学生提供公平的市场竞争环境，合理分配资源，使敢于创新创业的优秀大学生能够更顺利地创业，提高创业效率。

3. 优化高校专业培训和指导

高校对于大学生创新创业起着很关键的作用，创业教育是基础，对于大学生的培养，首先要具有良好健康的思想品格，其次开拓创新思维、培养创业精神，增强团队协作意识，打牢创业的根基，才能保障后续的顺利发展。目前，很多高校都已开设了创新创业相关课程，同时提供了创业实践，对大学生进行详细的培训和指导。为了改善大学生创业融资困难，高校应对创业课程进行细化，改革现有的创业课程体系，如开设资金融资相关课程，丰富大学生融资理论知识；高校邀请商业银行、投资公司专业人士等到学校开展讲座，给学生讲解融资有关知识以及实际生活中如何有效解决融资难题，解答学生创业中所遇到的疑惑和困难。另外还可邀请创业成功的校友和学生进行经验交流分享，对大学生创新性项目予以指导，使大学生从别人的经验中得到借鉴和指引。

第五章　创业计划与市场调研

本章针对创业计划与市场调研展开论述，围绕三个方面进行阐释，依次为创业计划概述、市场调研的内容与方法、商业计划书的撰写与注意事项。

第一节　创业计划概述

一、创业计划

从内容上来说，创业计划包含创业目标体系和任务战略。其中，创业目标体系包括愿景与具体绩效、绩效目标（里程碑等），回答的是“做什么”的问题；而任务战略代表创业的步骤、措施，回答的是“怎么做”的问题，这一个概念来自目标设定理论。实际上，过往文献中对创业计划的定义本身就暗含了这两方面内容。

（一）目标体系

目标本身会形成目标体系来指导大学生创业活动。学者认为，宏观目标可能包含非运营或运营内容。非运营目标不需要特定的衡量参照物，并影响非绩效属性，例如大学生创业成员对团队的态度和承诺，并使团队合法化。而运营目标与特定的可衡量绩效目标相联系，因此被广泛应用于评估组织的有效性。目标中包含不同层次的目标，并且一旦需要准确的衡量标准，往往离不开目标的逐步分解，所以有理由认为创业计划的目标不是单一的目标，而是目标体系。

（二）人物战略

创业计划还包含任务战略。有学者将创业计划定义为创业者收集商业机会信息的工作，并制定如何利用这些信息创建新组织以利用机会。这一定义中明显涉及了目标设置理论中任务战略的内容。根据目标设置理论，在创业情境中，任务战略作为目标与大学生新创企业产生之间重要的重要机理，自然会包含在创业计划当中。同时，在许多研究中，战略规划过程同样也离不开目标的设定。

总之，要遵循过往研究，从目标设置理论探讨创业计划，必然离不开明确创业计划的两方面内容：目标体系与任务战略。

二、创业计划形成过程

从创业计划的内容出发，学者们将创业计划过程的定义也需要从两个角度出发：

（一）从事前角度出发

认为创业计划内容主要是有关企业发展方向的目标，所以创业计划过程地代表着进入某一市场前、确定企业特定发展方向前的规划过程。

（二）从事后角度出发

认为创业计划主要内容是任务战略，是有关企业绩效的支持性文件。从本质上来说，创业计划过程要么是确定大体方向、目标，即“做什么”的过程，要么是在大体方向已经确定情况下，规划“怎么做”的过程。本文的创业计划过程的定义综合了这两种视角，同时包括了以上两种过程。因此，简单来说，创业计划过程的定义为：规划创业计划中目标体系与任务战略的过程。

第二节　市场调研的内容与方法

一、市场调研的概念

创业者只有收集到科学、准确、足够的市场信息，才能对市场进行准确的评估。而现实中，如果创业者对市场调研的方法不甚了解，获取和掌握的市场信息比较片面或者薄弱，就会导致市场判断缺乏说服力。因此，具备一定的市场调研知识是很有必要的。

市场调研是指企业运用科学的方法，有目的地、系统地搜集、记录、整理有关市场营销的信息和资料，分析市场情况，了解市场的现状及其发展趋势，为市场预测和营销决策提供客观、正确的资料的活动过程。

二、市场调研的内容

大学生创业者在创办一个企业之前，要对市场进行全面了解，主要应了解以下四个方面的内容。

（一）创业项目是否符合市场现状及发展趋势

市场现状包括消费者需求、技术现状、销售价格、竞争对手数量等，发展趋势则代表了市场本来发展的方向、消费者可能的需求变化、政策变化等。创业者需要对市场现状具有明确的了解，在制订企业未来发展战略时还应顺应市场发展趋势进行。比如，2020 年新型冠状病毒疫情发生初期，市场对于口罩、防护服等医用物资的需求急剧增加，但随着国家宏观调控，疫情逐步被控制，市场上口罩、防护服等医用物资的供给已经趋于饱和。因此，对原有医疗企业而言，可以利用市场机会扩大生产，占据市场份额；而对于大学生新创的医疗企业而言，会因疫情结束导致市场需求急剧萎缩，最终导致企业无法可持续性发展。

（二）创业项目所针对的市场规模

市场规模即市场容量，主要是指目标产品或行业的整体规模，可能包括目标产品或行业在指定时间内的产量、产值等，具体根据人口数量、人们的需求、年龄分布、地区的贫富度调查所得的结果。简单来说，市场规模的大小将直接决定企业的战略布局、生产运营计划的制订等。

（三）创业项目是否符合市场准入标准

大学生创业者在进入某个市场时，需要对市场准入门槛（资金、技术、人员、政策）等进行详细调查和了解，只有已经具备了市场准入的各项要求，才有进入市场的机会。此外，大学生创业者还需要了解市场中是否有领导者或巨头存在，如电子商务平台市场中，已经有淘宝、京东等多个巨头存在，大学生创业者要想进驻电子商务平台不论是从资金、技术方面，还是从产品质量、物流配送等方面，都无法和淘宝、京东等巨头竞争。

（四）创业项目的市场定位是否合理

企业在开展生产和经营活动时，首先必须找准市场定位，要明确自己为谁提供怎样的产品和服务，能够满足消费者怎样的需求。在市场中，消费者的需求会因消费者性别、年龄、职业、地域等因素的不同而有本质的不同。比如一双筷子，普通消费者更注重其实用性，因此大学生新创企业应重点面向消费市场；面对收藏者则注重其蕴含的文化价值，因此企业应重点而向文化市场，以故宫博物院为代表的各地博物馆推出的系列文创产品就是如此。

三、市场调研的方法

（一）市场调查

1. 收集整理二手数据

在市场调研中，企业通过访谈、交流、问卷调查等方式直接获得的数据，称为原始数据或一手数据。原始数据具有更强的时效性和更好的关联性，但也存在调查时间较长、花费成本较高等缺点。因此。企业在开展市场调查时，除了收集原始数据外，也可以考虑收集整理二手数据。一般来说，利用文献、书籍、统计年报、网络数据库等途径收集到的前人已经统计完毕的数据资料，统称为二手数据。

（1）二手数据的优势及适用范围

二手数据因其是已经统计完毕的数据资料，相对一手信息而言，具有获取成本低、获取效率高、获取途径广等优势。在适用范围上，如果调查内容对时效性要求不高，比如了解人口基数、可用资源等信息时，则可以考虑使用二手数据。但如果调查内容具有较强时效性，比如新技术研发、新标准制定时，则需要以原始数据为主，二手数据可作为参考数据使用。事实上，市场的宏观信息通常需要来自官方部门和专业调研机构，以获得有说服力的权威性数据。二手资料也需要讲求数据来源的科学性，比如必须可靠，能说明近期的问题，适用于自己创业的区域。有些信息可以从网络中搜索到，必要情况下可能需要付费购买。事实上，市场的宏观信息通常需要来自官方部门和专业调研机构，以获得有说服力的权威性数据。二手资料也需要讲求数据来源的科学性，比如必须可靠，能说明近期的问题，适用于自己创业的区域。有些信息可以从网络中搜索到，必要情况下可能需要付费购买。

（2）二手数据获得途径

二手数据可以通过图书馆、媒体或者互联网进行收集。对于较为专业的专业知识，创业者可以根据需要借阅相关书籍来获取。比如企业需要在某项技术的研发上取得突破，创业者可到各地图书馆借阅和该项技术相关的书籍，对技术的研发、演变、更新、未来发展趋势等进行研究，以此获取所需信息。专业的报纸、杂志、电视等媒体以及互联网可以提供更有时效的信息，比如通过媒体，企业可以了解购买原材料的途径、收购价格的变化趋势、是否有可替代原材料出现等信息；通过各地政府官方网站，可以时刻了解政策变化及政策扶持等相关信息。

在具体的信息收集中，可以重点关注以下几个渠道：

①国际组织、协会及我国政府相关部门所公布的政策、统计信息、行业报告等。

②专业咨询和调研机构公布的报告和信息。

③专业书籍、杂志、报纸、网站、公众号等所提供的统计资料、市场预测、市场行情统计等。

④金融部门对于相关企业信息的披露。

⑤有关公司官方媒体平台公布的产品和服务信息、商业动态等。

2. 实地调研获取一手数据

一手市场信息的收集是一个资源投入相对较大的过程，而且对调研人员的专业性有一定的要求。

（1）抽样调查

①抽样调查的定义

抽样调查是一种非全面调查，它是从全部调查研究对象（即总群）中，抽选一部分单位（即样本）进行调查，并据此对全部调查研究对象做出估计和推断的一种调查方法。虽然抽样调查并非全面调查，但通过系统、科学的方法开展抽样调查所收集的数据，可以反映出整体实际情况，因而抽样调查是进行市场调查时经常使用的一种调查方法。

②抽样调查的特点

代表性强，抽样调查所调查的样本是按随机的原则抽取的，在总体中每一个单位被抽取的机会是均等的，能够保证被抽中的单位在总体中的均匀分布，不至于出现倾向性误差。因此，抽样调查虽然是非全面调查，但其调查样本具有较强的代表性。

准确性高，在进行抽样调查时，所抽选的调查样本的数量，是根据调查误差的要求，经过科学的计算确定的，因而调查样本的数量有可靠的保证。同时，抽样调查的误差，在调查前就可以根据调查样本数量和总体中各单位之间的差异程度进行计算并控制在允许范围以内，因此调查结果的准确程度较高。

费用较低，抽样调查是按照科学的原理和计算方法，从若干单位组成的事物总体中，抽取部分样本单位来进行调查、观察，用所得到的调查样本的数据代表总体，最终计算并推断总体的数据和情况，其调查范围涉及较小，调查周期短，调查速度快，因而可以大大降低调查费用。

③抽样调查的方法

根据样本抽取的方法不同，抽样调查可以分为概率抽样法和非概率抽样法。

概率抽样法，概率抽样又称随机抽样，是指在调查总体样本中，按照随机原则对样本进行抽取，每个样本被抽中的机会相同。和概率抽样法不同，非概率抽样法是指调查者在挑选抽取样本时，并不按照随机抽样原则进行，而是以调查者主观判断为原则来抽取分析样本。

（2）量表

量表是一种测量工具，是主观或抽象概念的定量化测量程序。在市场调查中，最典型和常用的量表是李克特量表。该量表由一组陈述组成，每一陈述有“非常同意”“同意”“不一定”“不同意”“非常不同意”五种回答，分别记为 1、2、3、4、5 分，每个被调查者的态度总分就是他对各道题的回答所得分数的总和，这一总分可以说明他的态度强弱或他在这一量表上的不同状态。李克特量表具有设计简单、使用范围广、可信度高等优点，可以用来测量其他一些量表所不能测量的某些多维度的复杂概念或态度，其答案形式也可以使回答者更方便标出自己的位置。

（3）问卷调查

①问卷调查的作用

问卷调查是指调查者根据调查目的，按照一定要求设计出调查问卷，通过向受访者发放调查问卷收集信息和资料。一般情况下，调查问卷由一系列问题组成，每个问题既可以给受访者预留备选答案，也可以设计成开放性问题。通过设计和发放调查问卷，调查者可以方便、快捷、系统地获得所需市场和消费者的信息。

②调查问卷的基本结构

问卷的格式一般是由问卷的开头部分、甄别部分、正文部分和结尾部分四个部分组成。

开头部分，开头部分主要由问候语、填表说明、问卷编号等内容组成。

第一，问候语。一般来说，设置问候语是为了引起受访者的重视和兴趣，同时从心理上打消受访者的疑虑，激发受访者参与调查的主动性。因此，问候语的语气应该诚恳、礼貌，内容不宜太多，但要将调查的目的、调查的重要性和意义等重要信息表达清楚。

第二，填表说明。填表说明的目的在于让受访者明确应该如何填写问卷内容，对受访者的回答进行引导、帮助和规范，避免受访者因理解错误而在回答单选题时勾选多个答案或者将数字代表的程度填反等，从而确保收集的信息准确和可信。

第三，问卷编号。问卷编号主要用于识别问卷、调查者以及被调查者姓名和地址等，既可以对调查者的工作进行检查和监督，同时也便于后期对回收的问卷进行校对检查、更正错误。

甄别部分也是问卷的过滤部分，其主要作用是根据拟定的调查目的，对受访者进行甄别，从中筛选出符合调查要求的调查对象，提高问卷调查获取信息的针对性和可信性。

正文部分是问卷调查的核心，由问题和备选答案组成。在设计正文部分时，问题设计应简明扼要，既要做到每个问题相对独立，又要做到问题之间具有较强逻辑性和关联性。同时在语言表达上，应充分考虑受访者文化水平、职业分类等因素，在措辞、表述等细节上进行调整。

问卷最后的结尾部分可以设置开放性试题，这样既可以了解受访者对本次调查的感受，同时也可以收集受访者的其他建议和意见。

（二）市场预测

市场预测就是在市场调查获得各种信息和资料的基础上，运用科学的预测技术和方法，对市场未来的商品供求趋势、影响因素及变化规律进行分析和推断。市场规模可以用下面的公式来表示：

市场规模 = 用户基础 × 消费频率 × 支付单价

从上式可见，用户基数大、消费频率高、支付单价高的市场是最优的，但实际上大部分市场很难三项都最优，也许只能取其中两项最优。

估算用户基数时，很多人会把用户基数等同于有需求的人，而不是有支付意愿的人。实际上，很多服务有需求的人很多，但是如果要付费，愿意支付的人就会减少。从便宜到贵，可能又会减少一部分。如果简单地把有需求的人当作潜在用户，会大大高估市场。

估算消费频率时，比如，学习是一款消费频率很低的产品，如果一段时间购买过度，不管是书还是网课，都会带来消费抑制，需要很长一段时间消化以后，才能堆积新的学习消费欲望。

估算消费单价时，很多人会把当下消费单价等同于未来的潜在单价。一般来说，工业品消费单价总体趋势是越来越低；服务业消费单价总体趋势是越来越高；农业品消费单价影响因素很多，但肯定需要看天吃饭。

因此，大学生创业者应该进行实际调查，通过与行业人上、投资人交流等方式，对自己的市场有个科学的预测，以便给自己的实际创业做出合理的评估。

常用的市场预测方法有以下几种：

1. 直观判断法

直观判断法也可称经验判断法，主要是指经验丰富、业务熟悉、曾经或正在开展经营活动的创业者、企业家、管理人员等依靠自身经验，对过去和当前销售情况进行评估，以此来判断未来市场发展趋势。直观判断法简单易掌握，但也存在精准度不够的缺点。

2. 实销趋势分析法

实销趋势分析法是指通过分析和对比实际销售增长或下降趋势，对未来销售情况进行预测。这种预测方法适用于销售比较稳定的企业，对于市场变化较大的行业则存在一定误差。

第三节　商业计划书的撰写与注意事项

一、商业计划书的概述

（一）商业计划书的内涵

商业计划书，是为商业发展计划而制作的书面文件，即项目单位和企业为实现招商融资的目标，结合一定的内容要求而编辑整理地向受众展示项目发展现状、未来潜力的书面材料。通常商业计划书旨在以投资人为目标的阅读群体，说服其进行合作投资。商业计划书全面体现了企业经营者的素养，这是企业跨越式发展的重要载体，其既是企业能否成功融资的关键，更是企业发展的核心管理载体。

（二）商业计划书的作用

1. 项目自省，梳理创业思路

在创业融资、参赛前，商业计划书的受众对象是创业者及参赛团队。创业者与参赛团队应认真对待自身的资源，详细分析市场情况，并制定出最基本的竞争策略，明确行动计划，保证在后续的创业活动中有的放矢。其次，商业计划书是创业资金准备及风险分析的重要形式。针对初创的风险企业来讲，商业计划书发挥着重要作用，一般情况下项目比较模糊，通过撰写商业计划书，整理正反意见，最后再逐条推敲，这样创业者、参赛团队才能有更为清晰的认识，从而保证认知项目的可行性。

2. 融合资源，革新项目管理

商业计划书的撰写，能帮助参赛团队和创业者更好地感知项目，从而科学把握其经营思路。商业计划书既为企业内部的发展明确了方向，也为企业和项目提供了合理的效益评价体系和管理监控指标。商业计划书为创业者的创业实践提供了重要指导与参考，通过梳理创新企业的广阔发展前景和潜力，增强管理层对企业未来发展的信心，并指出要参加什么项目活动，从而让大家了解完成什么样的动作、是否胜任这些工作。

3. 获得融资，发展核心竞争力

商业计划书作为全方位的项目计划，指的是对创业项目实施可行性分析的过程，主要是向风险投资家、客户、供应商及银行宣传其经营模式，涵盖企业的市场、管理、产品及制度等方面的内容，这在某种意义上也是对企业宣传的文件。通过撰写高质量的商业计划书，在某种程度上能赢得政府的支持，提高创业者与参赛团队的自信心。

（三）商业计划书的构成与内在逻辑

商业计划通常由生产计划、人力资源计划、营销计划、财务计划等组成，同时要明确短期、中期、长期的发展策略、制度设计等。商业计划书的设计逻辑主要体现在以下方面：我们创业的动机或灵感是什么？该市场的发展前景怎么样？我们满足了什么刚需？我们的优势体现在哪些方面？如何保留产品的核心竞争力？我们在某个周期内能盈利多少？我们计划分多少股份？换来多少投资？投资人会得到怎样的回报？

二、商业计划书的撰写

（一）商业计划书的构成

1. 封面函

作为开篇内容，应该保持足够的吸引力，保证潜在资金提供者持续阅读《商业计划书》，所以封面函应重点摘录计划书中最吸引人的地方，用字越少越好。

2. 正文

作为商业计划书的主体内容，应该包括以下 8 个部分：

（1）执行摘要

通过2—3页篇幅简单介绍企业或项目运营管理概况，尤其突出描述企业或项目的主要目标及目的。

（2）企业或项目背景

描述企业或项目迄今的运营现状（若有）、潜在的风险与机会；简述公司财务现状，并附上3—5年的资产负债表、利润表与现金流量表，以及其他相关财务资料等。

（3）管理团队

可以用组织结构图，描述各项职位权责，以及目前与未来团队构成，突出团队成员之间的优势特长、专业互补、分工协作，对创业活动的基础性作用及保障。

（4）财务计划

预测未来3—5年收入、支出及资金来源。财务假设必须合理，应以产业或者历史趋向为依据。所有项目及数据预估要合理、计算要准确，并且在整个计划中保持前后一致。

（5）资金来源

说明初期或持续运营期间所需资金规模，并且大致确定资金使用情况，资金取得、运用及结存情况应与现金流量表一致。潜在投资者会对这部分内容进行详细检视，因此务必清楚、简明扼要。

（6）营销计划

调查和研究产业规模、行业取向及目标市场和客户；讨论产品或服务的优劣。潜在投资者最希望了解的是，企业或项目提供的产品或服务为什么能够比市场上现有的产品或服务更具吸引力，该产品或服务涉及的技术等是否或能否申请专利；比较竞争对手的价格，预估销售状况；列出销售、广告、促销以及公关方案大纲；确定的成本费用等和财务报表中所预估的相符。

（7）地域分析

在零售业及其他产业，企业或项目所在地域是影响其表现的一项非常重要的因素。这部分内容应该对区域消费者的综合人口进行统计分析，尤其是具体分析目标市场及客户、交通模式、自然资源及环境、地域文化特点等。

（8）制造计划

进行最小生产规模、所需设备、生产能力、库存等的预估，对仓管方法、质量管理、工厂、人员、生产环境及条件等有较为清晰的认识和规划。在此基础之上，对产品和服务成本进行合理的预估。

（9）风险评价和对策

企业的风险是指某些危险因素导致企业在生产经营过程中造成损失。企业风险对企业的发展影响大，在商业计划书中客观全面地分析企业存在的风险并提出合理的风险管理策略，是获得投资人信任的一个因素。这部分应该包括如下内容。

①风险预测：包括自然风险、技术风险、政治风险、社会风险、政治风险等。

②风险管理策略：根据企业风险管理的方法，并就风险预测提出防范或者控制的策略。

3. 附录

附上所有对产品或服务的营销计划（如现货供应报告、服务合作协议、商品订购合同等），以及其他有关产品概念或市场规模的资料；提供相关参考资料明细，能够证明企业或项目所要进入的产业或市场并未衰退。从商业计划书基本内容来看，每个部分都直接或间接地涉及财务预测与分析。但是在学生创业或参赛过程中撰写商业计划书时，不重视财务与公司战略、计划、市场等的配合，使得财务与商业计划书整体内容脱节甚至是“两张皮”的现象。在计划过程中，负责财务的团队成员没有很好地和其他团队成员配合和沟通，写出的财务计划不能很好地阐释项目的内容、过程、模式等，未能突出项目的特色、优势和资源等。

（二）商业计划书撰写原则

完成商业计划书的过程其实是一个提出关键问题、探索解决问题的方法并最终回答问题的一个过程，它需要逻辑清楚、表述精要，体现出投资者所关心的全部问题。为了达到这个目标，撰写商业计划书时，一般可遵循“4W2H”原则。

What：讲清楚我们要做什么。

Why：为什么要做这项业务？为什么选择现在做这项业务？

How：我们的顾客在哪里？他们为什么要光顾我们？我们的公司如何实现盈利？

Who：我们的团队是什么样的，有什么样的背景和特长？

Why you：说明项目优势和团队优势，说明为什么我们有能力做这项业务。

How much：财务预测与融资计划。

这个原则可以充分地展现在大学生创业者的执行概要中，也可以展现在整个商业计划书的设计和行文中，它也是在路演中可以参考的陈述逻辑，给信息的接受者以有条理又实在的内容。

（三）商业计划书撰写技巧

1. 可视化导向

人是视觉动物，商业计划书的重点内容应该一目了然，让阅读者“看得清楚、看得舒服”。写作商业计划书时，尽量少用大段的纯文字的表达，语句要简洁、内容要精简，表达直截了当，不咬文嚼字、拐弯抹角。将赘述内容都去除，留下最紧要的东西，并将重点信息准确无误地表达出来。尽量使用可视化的内容，适当的地方可以使用表格、图表、甚至图片来辅助说明。比如如下情况推荐使用可视化的方式：

（1）对于一些要用大量文字才能阐释清楚的逻辑性问题，可以用图片来展示顺序、流程、因果、对比等，以便读者快速地了解信息。

（2）需要呈现大量的或者种类比较多的数据时，应该使用表格，将数据和内容进行清晰和有逻辑地呈现。

（3）呈现复杂数据时，用图表来进行直观、形象地展示，比如用柱状图、折线图、条形图等，能让内容清晰和容易理解。对于图片和表格，不仅要使用，而且要善用，要让图表为计划书加分而不是减分。图表的使用，不仅要内容准确合理，还要注意排版，要与整体布局协调。

2.“实在”的创意

商业创意不应该是空泛的构想，在方案中应该展示出论证的过程、合理的结论以及对产品和服务模式实在可行的设计。写作商业计划书时，不要凭空夸大项目的回报，要让投资者看到项目管理者对市场的判断、顾客的认识、产品的设计等并非来自盲目的自信，而是都建立在真实可靠的调查和科学的分析之上，并且能提供翔实可靠的佐证材料。在与投资者或评委接触的过程中，现实和诚恳的态度才能够获得认真对待。

3. 用数据说话

能用数字说明的，就不用文字。投资者往往喜欢用数字思考，因此，在撰写商业计划书时，应尽量减少描述性的语言，而用数字来量化描述；能用数字说明的，就不用文字。请注意，要大量使用数据时，在提供数据的地方应当说明引用来源，因为可查证的数据将提升计划书的可信度。

在商业计划书中，以下两个部分是一定要出现数据的。

（1）市场数据：市场分析和预测的部分用描述性的语言是一定没有说服力的，无论如何的强调市场的广阔，都感觉是夸夸其谈，显得对市场没有深入地认知和把握。在市场规模、竞争对手、典型用户等部分中，应该提供真实可靠的数据作为支撑，才能赢得投资人的信赖。

（2）财务和投资数据：在财务的部分基本都是用数据说话，而且数字应该科学、可靠，不要做不合理的业绩预测，给投资人完全不符合客观规律的乐观数字。投资的部分要明确地告诉投资人自己的融资目标，让投资人了解创业团队的需求。

4. 善用故事手法

形象地展示项目的应用场景，会给项目的展示大大加分。呈递商业计划书时，项目团队可以用一个引人入胜的故事来形象地展示项目的应用场景，以吸引投资人。这个故事可以是描述一个业务的具体使用场景、一个曾让客户感到非常满意的成功项目的再现或者展示如何能够让项目实际价值超出客户的预期。这些故事可以使投资者对计划书产生好感，让他们更加形象地理解这个项目，并认为该项目团队对于项目的推动已经到了可实施的状态

三、撰写商业计划书的注意事项

（一）要用科学可靠的方式阐明市场潜力

在分析项目的可行性时，首先要说明有足够大的市场容量。但这并不是说要对一个虚无的美好未来夸夸其谈，这样做只会让投资人反感，认为我们没有研究透自己项目的市场前景。聪明的做法是：找准目标市场，分析哪些人是我们想触达和可以触达的客户，这些目标客户群体有多大，目前的市场格局是什么样的，未来市场会如何变化，我们有机会占领多少市场份额，我们的目标会如何变化。

（二）业务应该有亮点和优势

商业计划书必须体现出项目的亮点和优势，才能从众多潜在竞争者中脱颖而出，同时体现出能够兑现价值承诺的能力。

1. 业务亮点

市场规模、市场增长率以及市场政策红利等；核心团队中有与项目需求特别匹配的能力，或者有资深行业人士、名校学生、连续创业者等；已开展的业务数据呈快速上升趋势；业务针对后进入者有壁垒，等等。

2. 业务优势

与竞争对手比，是一种全新的商业创意吗？是现有产品或服务的改进版吗？

比其他的产品或服务更具有价格优势吗？售后服务更加可靠吗？对于本地客户来说更容易获得吗？特别适合在某种渠道出售吗？

（三）要展示团队实力和项目强大的加持

商业计划书要充分展示团队实力，以说明一个好的市场机会，凭什么可以被我们的团队抓住。投资者会看重已有的经验、能力、成绩和声望，很难信任一个初学者可以成事。因此，在撰写商业计划书时，应当充分展示团队项目相关的经验，以打消投资者的疑虑。团队的实力主要是来自所谓的“能力项”，包括从业背景、市场资源、技术实力等。同时，应该为我们项目的成功承诺提供强有力的加持，包括技术、专利、资深行业人员等，让投资人相信我们项目在市场中的竞争力是真实可靠的。

（四）要充分说明项目价值

一个好的商业计划书必须要传递创业项目的价值，给投资人做出价值承诺。无论哪方面的利益相关者，都希望自己的投入能够换来价值回报，尤其是经济价值和货币效应。简而言之，就是“能赚多少钱”。

对于不赚钱的项目投资者甚至创业者本人可能会直接否决，但是如果结果高得离谱，又可能会质疑它的合理性。对于项目价值的呈现，首先是市场价值的分析，其次是合理的市场预测，最后要体现在财务数据上。不要毫无根据地夸大其词，而要有理有据地用数字呈现出项目的价值。

第六章　新企业的开办与管理

本章针对新企业的开办与管理展开论述，围绕四个方面进行阐释，依次为企业的组织形式与注册流程、企业注册相关文件撰写与流程、企业创立的注意事项与法律法规、新企业的成长与管理技巧。

第一节　企业的组织形式与注册流程

一、常见的企业组织形式

在我国商业及法律实践中，常见的企业组织形式有 3 种：独资企业、合伙企业和公司企业。

（一）个人独资企业

个人独资企业是企业制度序列中最初始和最古典的形态，也是民营企业主要的企业组织形式个人独资企业的实用价值很高、适用范围较广。企业方面来讲，通用行业包括广告设计、财务咨询、信息咨询、市场调查、营销策划、会务服务等；医疗行业包括健康管理咨询、健康咨询服务等；摄影行业包括摄影服务、摄像服务、图文设计等；其他行业包括环境工程建设、建筑材料、办公用品等。个人方面来讲，不少高收入人群选择个人独资企业，比如淘宝红人、高收入微商、主播、律师、设计师等自由职业者。

（二）合伙企业

合伙是指两个以上的人为着共同目的，相互约定共同出资、共同经营、共享收益、共担风险的自愿联合；合伙企业是指自然人、法人和其他组织依照《合伙企业法》在中国境内设立的普通合伙企业和有限合伙企业。合伙企业一般无法人资格，不缴纳企业所得税，缴纳个人所得税；类型有普通合伙企业和有限合伙企业，其中普通合伙企业又包含特殊的普通合伙企业。合伙企业可以发挥人力资本的最大价值，但也并非所有企业都适合合伙人制。

（三）公司企业

有限责任公司与其他企业组织形式相比，有其明显的优缺点。优点主要是：设立条件低，设立简便；股东变动小，内部凝聚力强；机构精干，经营效率高；股东风险小，仅负有限责任等。缺点主要是：发展规模受到限制，股权转让不易，对债权人利益保护较差等。有限责任公司一般适用于中小型家族式企业。

二、企业注册的一般流程

创办一家合法企业，必须经过一系列的法定程序。虽然从 2016 年 10 月 1 日起，国家工商总局施行“一表申请、一窗受理、并联审批、一份证照”的审批模式，将营业执照、税务登记证、社保登记证、统计登记证和组织机构代码证实现了“五证合一”，极大地提高了登记注册的效率，加之很多中介平台可以提供代办服务，这个环节看起来似乎很简单，但新创企业真正要顺利拿到这张“身份证”，创业者们还是要经历一番心路历程。根据我国相关法律法规的规定，创办一家合法企业，原则上要经过七个步骤。

（一）选择新创企业适合的法律形式

新创企业一般规模较小，抗风险能力较弱，以下四种法律形式较为适用：个体工商户、个人独资企业、合伙企业、有限责任公司。

1. 不同法律形式适用法律及企业类型参考

选择组织形式标志着创业从构想到实践迈出了第一步，一家新创企业应当根据国家相关法律法规要求及新创企业的实际情况，客观科学地选择一种适合自身的法律形式。

2. 不同法律形式的利弊

（1）个体工商户。

①规模较小，不得开设分支机构；

②有税收优势，可以采用核定征收，对某些特殊人群还可以减征免征；

③不具有法人资格。主要适合以家庭成员为主进行经营，具有一定的封闭性，有很多限制，市场竞争力不强；

④对债务承担无限责任。

（2）个人独资企业

①资产所有权、经营权、控制权以及收益权高度统一、灵活便捷；

②免交企业所得税，税收适用个体工商户生产经营所得；

③可以设置分支机构，连锁经营；投资人以其个人财产对企业债务承担无限责任。

（3）合伙企业

①合伙企业在税收和融资方面具有优势；

②合伙企业征缴个人所得税，采用先分后税的原则，多地采用较低税率核定征收；

③普通合伙企业因为承担无限连带责任，其业务发展范围也受到较大限制。

（4）有限责任公司

①可以是一人投资，也可以是多人投资，投资金额可高可低；

②承担有限责任，容易规避投资者资金风险；

③方便扩张，可以开设分公司；

④公司制因其独立的法人地位及规范的管理运营，在筹资发展方面具有天然的优势；

⑤缴纳企业所得税，相对个人所得税，税率较高，但大学生创业有政策支持。

（二）取得行政许可

以大学生创业较为常见的有限责任公司为例，根据《中华人民共和国企业法人登记管理条例》规定，工商登记注册之前还需要办理企业资质许可证。

企业资质是企业从事某种行业经营应该具有的资格及质量等级标准，是工商登记注册的前置程序。资质是企业合法持续经营、证明企业竞争力、影响企业发展命运的关键因素之一，应受到企业主的高度重视。新创企业可参照《国民经济行业分类》根据具体需要自主选择一项或多项经营项目作为经营范围，并到当地相关行政部门申请取得资质许可。如：注册旅行社前需要到文旅局办旅行社业务经营许可证；注册烟酒行业需要到烟草专卖局申办烟草专卖零售许可证；开展互联网多媒体业务需要取得网络文化经营许可证等。

（三）公司取名核名

根据《企业名称登记管理规定》（下称《规定》），企业名称经工商行政管理局核准登记注册后，在规定的范围内享有专用权，无特殊原因，在一年内不得申请变更很多初创业的企业主往往怀揣着满腔的热情，想给自己的企业取一个好听有内涵的名字，但是，几轮核名下来却都没能审核通过。出现这种问题，是因为企业主没有搞清公司取名的相关规定，其实，公司取名也是有章可循的，一般可以采用四要素公式法。

1. 行政区划

《规定》要求，企业名称应当冠以企业所在地省（自治区、直辖市）或者市（州）或者县（市辖区）行政区划名称。但是我们也经常看到使用“中国”“中华”，冠以“国际”“全国”“国家”，或不冠以企业所在地行政区划名称的企业名称。这类企业一般为全国性企业、大型企业集团、老字号或外商投资企业，如：中国石油天然气、国家电网、阿里巴巴网络技术有限公司需经国家工商行政管理局核准或核定，在全国范围内，同行业企业名称不得相同或近似。

2. 字号

企业字号应当由两个以上的字组成。可以用县级以下行政区划的本地或者异地地名作字号，私营企业可以使用投资人姓名作字号。但根据《条例》规定，企业名称中文字的使用需要注意，企业名称不可以含有下列内容和文字：

（1）有损于国家、社会公共利益的；

（2）可能对公众造成欺骗或者误解的；

（3）外国国家（地区）名称、国际组织名称；

（4）政党名称、党政军机关名称、群众组织名称、社会团体名称及部队番号；

（5）汉语拼音字母（外文名称中使用的除外）、数字；

（6）其他法律、行政法规规定禁止的。

3. 行业

企业应当根据其主营业务，依照国家行业分类标准划分的类别，在企业名称中标明所属行业或者经营特点。

4. 组织形式

企业应当根据其组织结构或者责任形式，在企业名称中标明组织形式。所标明的组织形式必须明确易懂。

（四）核资验资

取得《企业名称预先核准通知书》以后便可以到银行办理“开立单位结算账户”。2013 年新《公司法》放宽了注册资本登记条件，将注册资本实缴登记制改为认缴登记制，取消了公司股东（发起人）应当自公司成立之日起两年内缴足出资，改为投资人可以在五年内缴足出资额；取消了一人有限责任公司股东应当一次足额缴纳出资的规定。但是一些特种行业还是需要实缴验资。

（五）审核勘验

勘验内容包括申请人是否具有固定经营场所、经营项目与工商营业执照的经营范围是否一致等开业必备条件。

（六）领取证件

前面几步顺利完成后，企业主将顺利领到营业执照正、副本。

（七）刻章、开户（公司基本户）

完成以上 6 步之后，注册流程还没有结束，我们还需要完成最后的临门一脚，即刻章、开户。核名通过之后，企业主便需要到公安部门指定的印章中心制作公司印鉴章，一般有公章、法人章、财务专用章，有的公司根据业务需要还可以增刻发票专用章、合同专用章、业务专用章等。拿到营业执照后便可以到银行开具基本户所需资料有：营业执照正副本、公司章程、法人身份证原件、公司印鉴章以及相关表格。注册完成后，我们将拿到合法开业大礼包——营业执照、三章（公章、法人章、财务专用章）、银行开户许可证。

第二节 企业注册相关文件撰写与流程

新企业工商注册需要向所在地工商行政管理部门提交相关材料。创业者需要根据所选择的企业组织具体要求填写各种登记表，编写合伙协议、公司章程、发起人协议等相关文件。并依照合伙人协议——公司章程——发起人协议的流程，向工商行政部门进行资料的提交和填报。

一、合伙协议

合伙协议是由各合伙人协商一致，明确各合伙人权利义务的法律文件。合伙协议应当载明下列事项：

（1）合伙企业的名称和主要经营场所的地点。

（2）合伙目的和合伙经营范围。

（3）合伙人的姓名或者名称、住所。

（4）合伙人的出资方式、数额和缴付期限。

（5）利润分配、亏损分担方式。

（6）合伙事务的执行。

（7）入伙与退伙。

（8）争议的解决办法。

（9）合伙企业的解散与清算。

（10）违约责任。

合伙协议经全体合伙人签名、盖章后生效。合伙人按照合伙协议享有权利，履行义务。修改或者补充合伙协议，应当经全体合伙人一致同意；合伙协议另有约定的除外。合伙协议未约定或者约定不明确的事项，由合伙人协商决定：协商不成的，依照《中华人民共和国合伙企业法》和其他有关法律、行政法规的规定处理。

二、公司章程

公司章程是指公司依法制定的，规定公司名称、住所、经营范围、经营管理制度等重大事项的基本文件。公司章程不仅是公司的自治法规，而且是国家管理公司的重要依据。设立公司必须依法制定公司章程，公司章程对公司、股东、董事、监事、高级管理人员具有约束力。

（一）有限责任公司章程

有限责任公司章程应当载明下列事项：

（1）公司名称和住所。

（2）公司经营范围。

（3）公司注册资本。

（4）股东的姓名或者名称。

（5）股东的出资方式、出资额和出资时间。

（6）公司的机构及其产生办法、职权、议事规则。

（7）公司法定代表人。

（8）股东会会议认为需要规定的其他事项。

（9）股东应当在公司章程上签名、盖章。

（二）股份有限公司章程

股份有限公司章程应当载明下列事项：

（1）公司名称和住所。

（2）公司经营范围。

（3）公司设立方式。

（4）公司股份总数、每股金额和注册资本。

（5）发起人的姓名或者名称、认购的股份数、出资方式和出资时间。

（6）董事会的组成、职权和议事规则。

（7）公司法定代表人。

（8）监事会的组成、职权和议事规则。

（9）公司利润分配办法。

（10）公司的解散事由与清算办法。

（11）公司的通知和公告办法。

（12）股东大会会议认为需要规定的其他事项。

三、发起人协议

发起人协议是指股份有限公司发起人就拟设立公司的主要事宜达成的协议。股份有限公司发起人应当签订发起人协议，明确各自在公司设立过程中的权利和义务。发起人协议应当载明下列事项：

（1）公司经营项目、宗旨、范围和生产规模。

（2）公司注册资本、各方出资、出资方式。

（3）公司组织机构和经营管理。

（4）公司名称和住所。

第三节　企业创立的注意事项与法律法规

一、企业创立的注意事项

（一）登记注册后续事项

很多大学生创业企业拿到营业执照后，业务还并没有开展起来，但是，营业执照一旦交付给企业主，从法律上就代表这家企业正式开业，就应履行相关义务。

1. 报税纳税

在实际的工作当中，大多企业选择上门申报的方式来进行税款的申报，纳税人或是扣缴人可以在纳税申报期间到主管部门的办理大厅办理纳税申报工作。除了这种上门申报以外，还可以采取邮寄的方式进行申报，纳税人在邮局办理相应的纳税申报工作，可以使用纳税的专用信封，以邮局的收据作为税款的申报依据，以寄出的时间以及实际申报的日期为基础进行上报。

2. 社保申报

按照我国《劳动法》相关规定，参保单位还要及时到社保部门为员工申报各项社会保险。企业主如未按要求履行用工义务，将会受到劳动行政主管部门的行政处罚。

（二）新企业组织结构的搭建事项

对于大学生新创企业而言，新的组织面临许多未知挑战，业务较为扁平，一般采用较为精简的组织形式，因此，一般适用直线管理制组织结构。新创企业可以根据业务需要设置机构或部门，将企业内部划分为垂直管理的层次进行垂直管理。各级管理层负责人直接行使对下级统一的管理职能，一个下级单位只对一个上级负责，如图 6-3-1 所示。这样的好处在于信息沟通网络不复杂，机构简单、权责分明、反应迅速、工作高效。

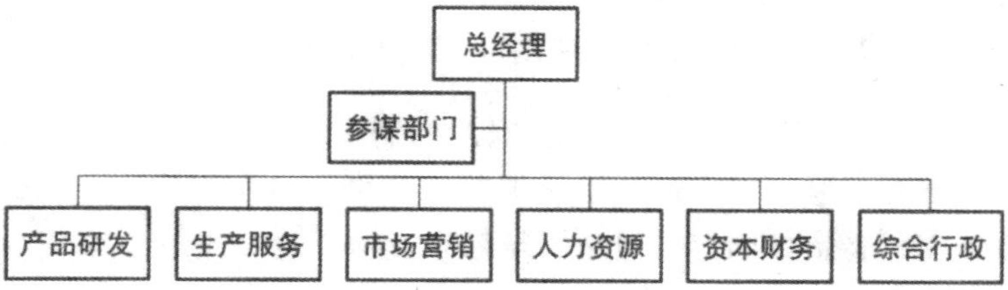

图 6-3-1　直线管理制组织结构图

大学生新创企业的组织结构设计一般应遵循“精简原则”，但企业的组织结构也应随着企业发展而及时调整。

规范的组织结构，是科学管理的起点和基础，它可以对创业企业未来发展产生以下积极效果，具体如表 6-3-2 所示

表 6-3-2　规范的组织结构产生的效果

积极方面	好处
资源匹配发展	资源配置匹配发展战略，发现薄弱环节，不断完善补充
考核提高效率	开发利用员工专业技能，提高效率，调动积极性
提供职业路径	满足员工发展能力和需求，培养忠诚度
稳定工作关系	权责清晰，利于配合沟通，确保工作关系的稳定

因此，设计一个适合大学生新创企业当下的组织结构并实施科学管理是非常重要的，可以通过组织结构的合理设计，落实战略，凝聚群体力量，为共建企业的整体大厦夯实基础。

（三）企业创立后的选址事项

选址规划通常涉及两个层面，从选择大体区域到具体定址，如：从国家、地区、省市等区域中确定选址，即选择建设项目或设施的具体地理位置。

1. 选址规划的一般程序

选址规划的一般程度，如图 6-3-3 所示。

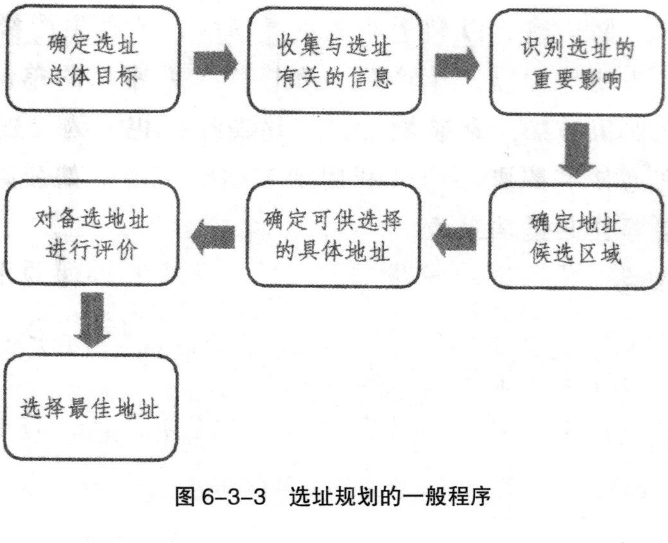

图 6-3-3　选址规划的一般程序

2. 选址需考虑的因素

不同的行业考虑选址的因素有所不同，因此，选址必须对所处区域的商业环境、客户构成、竞争对手以及交通情况进行调研。下面简要介绍几个行业选址时需要考虑的因素。

（1）餐饮业

餐饮业包括大型酒店、休闲餐饮、小吃快餐等多种类型。车多人少的地方适合开办大酒店；人多车少的商务区适合中高档餐厅；人员密集的市场区、工业区、大学园区适合中低档餐厅；居民区则要根据周边消费水平决定。

（2）服务业

为及时便捷服务顾客，服务业企业需要选择在目标客户较为集中的区域，以便顾客找到或刺激潜在客户消费。但同时也需注意估算市场总规模、剩余份额以及开展竞品分析。

（3）贸易业

贸易类企业则应考虑业态，便利策略、聚合策略都能聚集人气，产生“规模效应”，如商业街、购物中心等都会选择在交通便利、人流量大的区域。

（4）制造业

制造业企业一般不会选择在寸土寸金的核心商圈或刺激商圈，而是青睐与终端市场有一定距离，但是交通物流便利的郊外。这样做一方面是利于厂址的建设和扩建，设施设备的组装，产品的生产储存；另一方面也是出于成本的考虑。

二、企业创立的相关法律法规

（一）知识产权法

知识产权是指人们对自己创造性的智力劳动所享有的民事权利，如著作权、商标专用权等。知识产权法是调整知识产权的获取、利用和保护所涉及的社会关系的法律规范的总称。

（二）劳动法

劳动法是为了完善劳动合同制度，明确劳动合同双方当事人的权利和义务，保护劳动者的合法权益，构建和发展和谐稳定的劳动关系而制定的法律。劳动合同依法规范新企业与员工之间的劳动关系，对于调动员工积极性、确保新企业创业成功具有重要意义。劳动合同文本由用人单位和劳动者各执一份。

（三）合同法

合同法是国家制定的调整平等主体之间合同关系的法律规范的总和。其立法目的是保护合同当事人的合法权益。创业者学习合同法，有利于防止新企业盲目签约，防止与无签约资格、无履约能力或不讲信用的当事人签约；有利于确保合同内容的合法性与条款的完整性；有利于新企业获得处理合同纠纷的主动权。

（四）反不正当竞争法

反不正当竞争法是禁止以违反诚实信用原则或其他公认的商业道德的手段从事市场竞争行为、维护公平竞争秩序的一类法律规范的总称。

（五）产品质量法

产品质量法是调整在生产、流通及监督管理过程中，因产品质量问题而发生的各种经济关系的法律规范的总称。其立法目的是加强对产品质量的监督管理，提高产品质量水平，明确产品质量责任，保护消费者的合法权益，维护社会经济秩序。

第四节　新企业的成长与管理技巧

一、新企业成长的内涵

（一）新企业成长的认知

新企业成长是指企业在相当长的时间内通过创新、变革和有效管理等手段，积累、整合并促使资源增值，不断增强企业能力，形成企业核心竞争力，进而保持企业整体绩效平衡、稳定增长的势头的过程。

对于大学生新创企业而言，能否实现持续成长是一个真正考验。一家企业为成长做准备时，大学生创业者先要对初创企业的成长有正确的认知。

1. 并非所有企业都能够实现快速成长

一般来讲，拥有持续快速成长潜力的企业通常是一些能够解决重大问题或者对顾客的生产或生活有重要影响的企业。例如，相对于一家日用品商店，一家生物技术公司更有获得快速成长的现实可能性，这也是企业受其所属产业发展状况影响的反映。

2. 企业成功并不总是会放大规模

对一些企业来讲，放大规模会让企业遭受成长带来的不良后果。例如，很多以提供高质量个性化服务为基础的企业成长或放大规模后，其服务水平迅速下跌至标准化或不合格，它最初的那些顾客会失去原来拥有的高质量服务。而这家企业也会被顾客视为另一家普通企业了；还有一些销售高端或精品来获得高额利润的企业。这些企业的目标客户通常更重视产品品质而非价格。这类公司可以成长，但需谨慎对待成长规模。大规模的成长很难保证产品的独特性和吸引力。出于类似的原因，很多企业对它们的产品进行限量发售。

3. 企业不能成长过快

企业在创建之初，为了生存必须成长，但从创建开始就持续快速成长势必会给企业造成财务压力，并令大学生初创企业在人力资源和资金方面而临巨大的压力。创建一家创业企业不仅需要一个好的愿景和市场，而且需要系统化地执行。我们只能按照某种节奏进行运营。不要试图超过我们的极限。在我们付出时要有所保留。不要花掉我们拥有的全部现金，因为我们需要它们。我们必须非常认真地考虑企业的成长方式，以及我们会付出什么来支持企业的成长。有的时候企业得到的急剧增加的订单会把一家拥有满意的顾客和员工的企业变成混乱的工作场所。企业的成长速度从来都是一柄“双刃剑”，需要创业企业必须小心处理，把握节奏，把企业成长速度与企业基础设施建设协调一致起来，知道什么时候要放缓，什么时候要加速。

现实中，很多企业对成长带来的问题猝不及防。所以大学生新创企业必须认真管理成长，并且以健康且盈利的方式进行扩张。

（二）企业的成长阶段

认识企业管理的特殊性要与企业的成长规律结合起来。一般来讲，相当一部分企业会经历组织生命周期的各个阶段。主要包括创建阶段、成长阶段、成熟阶段和衰退阶段。

1. 创建阶段

企业登记注册开始运营，使进入创建期。在这个阶段，企业面临生存的挑战，实力较弱，依赖性强，资源匮乏，在市场上尚未站稳脚跟，需要各方面力量的支持。创建阶段企业销售其初始产品或服务，探索盈利模式，确认搭建的团队正确，确定企业优势和核心竞争力。这是大学生新创企业创始人的“实习”阶段，他们会把握公司日常运营的各个方面。在这个阶段也是企业规则和程序的建立、运营阶段。这个阶段的企业管理不规范，管理水平低，经常出现无章可循和有章不循的现象。创建阶段企业的主要目标是建起一个良好开端，并探索在市场中获得成长空间。企业在创建阶段的主要挑战是确保初始产品或服务是正确的，并为进一步发展成长做好准备。企业领导者虽然可以在此阶段进行不断地尝试，但更重要的是不要冒进。可以将奏效的事情记录下来，并开始思考随着企业的成长，如何把成功复制到其他地方。

2. 成长阶段

成长阶段可以分为早期成长期和持续成长期。早期成长期的特点是不断增加的销量和复杂性。在这个阶段，企业通常仍然专注于初始产品或服务，但一般都会努力提高市场份额并尝试开发相关产品。企业的运营需要更多的人手、资金和技术水平提升的支持。对资源的管理和利用成为企业成长中面临的新问题。在这个阶段有必要做好两个方面的工作：第一，创始人要将其角色转变为更富管理性的角色，而不是直接关注企业的每个方面。要主动在改变创业初期直接参与构建企业的产品或服务，从“人在企业之中”的管理状态走向“人在企业之上”的管理模式；第二，必须实现规范化。企业制定、执行政策和程序，使企业离开创始人也能平稳地运行。随着企业在某一产品领域有了一定的市场份额，企业慢慢进入持续成长期了。这个时期，企业一般会开始开发新产品或服务，并扩张到新的市场。小企业可能会被并购或与其他企业建立合作伙伴关系。最艰难的决策通常都出现在持续成长期。在这个时期，企业必须建立合理的组织架构，制定完善的管理制度，规范项目流程管理，加强绩效考核，为企业健康快速成长过程提供保证。

3. 成熟阶段

经过扩张阶段的发展后，企业将会进入持续开发新产品，拓展新业务，不断提高销售收入的成熟阶段。随着企业规模的扩大，其发展逐步由外延式转向内涵式，由粗放经营转为集约经营。在企业规模扩大的同时，管理变得越来越复杂，对企业管理正规化、科学化的要求越来越高。企业在多年经营中提高了产品知名度，形成自己的特色产品，甚至是名牌产品。为了进一步发展和规避经营风险，企业通常会向多元化方向发展，这对筹资和投资能力的要求进一步提高。在这个时期，企业通常专注于对产品和服务的高效管理，一家处于成熟阶段的管理完善的企业通常会寻求合作或并购机会，从而为企业带来新生力量。

4. 衰退阶段

一般的企业最后走向衰退或者死亡是一种正常现象。在企业的存续过程中，始终面临着市场中更具创新性的产品或服务的威胁，当这种情况发生时，一家企业规避衰败的能力取决于公司的领导力和创新力。一般来讲，当企业丧失目标感或过分分散以至于在任何市场中都丧失竞争优势时，也会进入衰退阶段。企业的管理团队应该警惕和防止这种状态的产生。这需要企业有强大的创新精神，但通过创新推动企业转型十分不易，因为需要克服强大的惯性作用和来自组织内部的抵抗。这也是很少有企业能做到基业长青的原因。

二、新企业战略规划中的管理探究

（一）新企业战略规划路径

1. 明确使命

企业的发展使命是贯穿企业建设始末的航标，是推动企业发展的原动力，是形成企业内部文化氛围的核心。尤其是对于大学生初创企业来说，明确自身使命，确定企业的价值导向，是企业进行战略规划的第一步。

2. 制定战略目标

明确企业的发展使命后，需为企业制定阶段性的战略目标。这个时代无时无刻不在发生翻天覆地的变化，市场竞争也愈发激烈，“科技战”“人才争夺战”处处打响，而初创企业在未有充足的市场应对能力前，可先制定短期战略目标，而且这个目标也需要不断适应市场变化而进行灵活调整。

3. 进行业务（产品 / 服务）规划

时代在不断进步，人们的需求也在不断升级、改变，在明确企业的使命和战略目标的基础上，大学生初创企业必须拥有自己的核心业务以及合理业务规划，根据市场发展导向确定是否需要研发、升级、转型、细分（产品 / 服务），这样才能有效利用市场机会，在市场中形成竞争优势，从而获取超额利润。

（二）新企业战略管理

1. 制度规范化与系统化

对于每一个希望长久运营的企业而言，规范化与系统化的管理规则和条例是必不可少的。这不仅能保证企业的持续稳定运营，也能规范员工的行为，避免企业内部的管理紊乱。对于大学生初创企业来说，存在许多不稳定因素。而一个规范与系统的制度体系恰能减少员工在这方面的心理顾虑，为员工增加安全感，在招聘时也能够为企业创造更大的吸引力，这些制度包括员工管理制度、薪酬绩效体系、培训制度、财务制度等。

2. 形成独特的管理风格

许多成功企业的创始人都有着独特的人格魅力与管理风格，这些其实是企业的隐形资本。大学生初创企业需要具备创造性与创新能力，在管理方面更加不能千篇一律，个性化、差异化、合适的管理风格和手段能为员工带来源源不断的创新驱动力，也不会限制员工的创造力和发展。而企业的文化与价值观也是在这个过程中逐步形成的，企业文化是创始人管理风格的缩影，映射着企业的价值取向，是增强企业内部凝聚力与壮大企业规模的基石。

3. 重视人力资源管理

新时代的大学生初创企业更应重视人力资源管理对企业战略目标实现的促进作用。市场竞争的本质就是人才的竞争，企业不仅要任命最好的人，而且要找到最合适的人。除此之外，如何实现人尽其才，如何掌握管理的平衡，如何开发人才潜力、提升人才的自我驱动力，如何留住人才也是管理者需要深入研究的课题。重视人力资源管理绝非仅限于制度的设定与形式上的重视，更多的是在于管理者日常管理的思维、方法、技巧及手段。

三、新企业管理中的实用技巧

（一）新企业资金管理技巧

企业可以承受暂时的亏损，但不能承受现金流的中断。现金至上是现代财务管理的核心理念。初创企业的决策者要明确现金流管理在企业管理中的重要地位，大学生创业者希望打造一个健康的现金流，可以从以下几个方面入手。

1. 现金永远第一

在大学生创业初期，在关注公司能有多少成长之前，首先关注手上的现金有多少。在做公司决定时，先问问自己："这个决定对公司的现金流量会产生什么影响？"企业必须经常检查现金流量，创业者要求公司的各部门都为现金流量贡献设定目标，而且定时考量目前与目标的距离。

2. 追回欠款

公司欠款没有及时地收回，会对现金流量造成很大的影响。因此，必须找到欠款无法及时收回的原因，然后想方设法追回。

3. 减少支出

减少支出可以有效缓解现金流的压力，但是企业删减支出应该抓重点，在引起最小组织疼痛的前提下，做出最大可能性地节省。

4. 改变采购付款方式

采购时，更应关注付款方式、付款时间，而不仅是采购价格。

5. 精诚库存

企业 80% 的利润都是来自 20% 的热销产品，所以大学生创业者有必要狠下心来删减冷门商品。要认识到，一旦产品进了仓库，我们手上的现金就不见了。要减少库存，还可以从生产做起，首先对产品销量有一个合理预期，然后对产品产量有一个合理的规划，这样，可以适量采购，避免库存持有成本或者库存缺货成本的发生。其次，原材料采购的交货时间也要计划，要求供应商交货既不要太早，也不能太晚，甚至可以分批供货，以减少库存。再次，与下游分销商达成协议，产品生产出来就迅速分销出去减少产品存货时间。如果能做到这样，就会在很大程度上减少库存，也就意味着增加了企业的流动资金。

6. 按需采购

存储存货需要成本，现在已是买方市场，商品价格原本就可能随时间推移而下滑。完全不必一次性囤积。

7. 改变收款的方式

如果可以按月收款，就不要按季度收。如果企业提供的是长期的服务产品，也可以将到期付款的方式改为分阶段付款；企业还可以提供一些优惠，来吸引顾客一次性付款或者在短期内尽快付款。这些做法都可以大幅缓解公司的现金流压力。

8. 外包

大学生创业者在创业初期也可以将公司的业务部分外包出去。尽管采用外包，初期的成本可能会比自己做要高，但是可以将资金压力转移到外包商品身上。相对地公司也可以争取一些外包的项目，这样可以给公司带来额外的现金流入。

9. 以身作则

大学生创业者必须制定规则，在公司中厉行节约。例如，能坐公交绝不打车，出差一律入住连锁酒店等，并以身作则，强调现金的重要性。

（二）新企业成本管理技巧

大学生初创时期可谓是“白手起家”，对于大学生创业者来说，既兴奋又有些茫然。同时，企业建立初期有许多工作需要投资者去完善，如，市场、客户、生产、技术、质量、售后服务等等，这一系列较为棘手问题当中，使得投资人一时难以应对。而对于投资者来说，成本核算及成本管控基本上无暇顾及，这就给企业今后的财务管理的实施、财务风险及税务风险的规避不力埋下了隐患。从一些初创企业成本核算与管控中存在的问题来看，包括以下几个方面：内控体系不完善，成本控制缺乏共同参与；融资成本管控水平亟须提升；企业成本费用支出较多需要加强控制；成本管理不科学，监控体系亟须建立；财务人员能力有限，企业成本核算不规范。现针对上述存在的问题给予相应的阐述，从而为加强初创企业成本核算及管控奠定相应的基础。

初创企业加强成本核算与管控的技巧有以下几个方面：

1. 完善成本内控体系，进一步落实成本管理

大学生初创企业的成本内控体系是一个较为完整的体系，它不单单指的是成本控制，而要把企业其他与成本有关的部分紧密地联系起来。如企业的预防成本、检验成本、质量成本等。同时，企业还要关注自身的生产效率情况，投资者要对整个的工序、设备及相关的操作者做到胸中有数，只有这样才能有效降低企业的劳动成本。最后，企业还要提升全员的参与力度，要把成本管理作为一种全员管控模式。并且建立相应的奖惩制度，对于做得好的部门及人员给予相应的奖励，否则要实施处罚。只有做到奖罚分明，才能使得成本内控体系得以建立，并有效落实成本管理。

2. 着力解决初创企业融资成本问题

既然党中央国务院十分地关注大众创业、万众创新的开展，相关的金融机构就应该出台配套的相关政策来鼓励有能力的投资者参与到创业中来。金融机构对于初创企业可以出台一些相应的融资优惠政策，以使其节约融资成本，帮助初创企业渡过开创之初的难关。只有很好地解决初创企业的融资成本，才能使其整体成本得以有效降低，并帮助其做大做强。同时，在商业信用方面，政府也可以建立相应的商业信用评估平台，对于那些初创企业，政府要相应地给予适当支持与鼓励，使得供应商可以对其放宽一些商业信用政策，从而减少其货币资金的支出，在另一侧面解决和降低其融资成本。

3. 加强成本管控，从细微处落实

对于大学生初创企业来说，成本管控工作不是一件一蹴而就的事情。一方面，在生产所需的各类设备及物资的采购方面，初创企业可以采取三家比价的方式，在质量相同的情况下，可以选择价格较低的厂家给予供货，从而有效地降低各类采购成本。另一方面在成本的支出方面应该制定相应的管理制度，并且与部门及个人的绩效相挂钩。企业也可以采取相关成本费用消耗定额的方式，将成本管控纳入预算定额之内，对于节约成本的部门及相关人员给予相应的奖励。而对于成本超支较为严重的部门及相关人员，在问明原因后，要给予适当的处罚。

4. 完善企业成本监控体系建立

让企业的投资者要建立一套较为完善的成本监控体系，例如，从原材料采购价格，到原材料消耗，直至产成品的入库，残次品的数量都要予相应的考核。同时，企业还要加强全面预算管理工作，将供、产、销、储、物流等部门的成本有效的整合，使其成为一个整体。另外，初创企业要注重法人治理结构的完善，要按照公司法的相关规定，建立“董、监、高”职能机构，并使其发挥应有的作用，实现最终的三权分立。这样，可以避免企业内部产生权力过于集中的现象，从而不利于企业的成本监督体系建立。

5. 提升财务人员能力，规范企业成本核算

大学生初创企业要重视财务人员的聘用与选拔，投资者应该重视财务人员的培养，对于财务人员的人力成本不可过于节约，从而降低财务人员的质量。企业应该选择那些业务能力强责任心重的财务人员担任财务岗位工作，从而为规范企业成本核算奠定良好的基础。企业只有当财务人员的综合业务能力达到一个较高的水平，才能进一步规范企业的成本核算，使得成本核算及管控能够有的放矢地开展。

（三）新公司人力资源管理技巧

1. 转变传统管理理念，制定人力资源管理规划

企业为了实现长久稳定发展，必须加大人力资源投入。人才竞争成为企业竞争的重要因素，企业为了加强自身竞争实力，实现可持续发展目标，必须科学管理现有人才。第一，大学生创业者应当正确认知企业发展现状，了解到人力资源管理的重要性，基于发展眼光分析和研究企业未来发展趋势，转变传统管理理念，通过创新思维引进和管理人才。第二，为了转变大学生创业者的传统理念，大学生创业者应当参与管理培训班，接受专业化教育培训。通过学习全新的管理理念和方法，结合企业发展实况，制定全新的人力资源管理制度，补充和完善企业管理不足与缺陷。第三，企业生产经营发展期间，大学生创业者必须时刻检验自身不足，能够正确认识到自身缺陷。在招聘人才时，优先考虑高能力高学历的专业管理人员，合理规划企业人力资源管理计划。在企业不同发展阶段，制定科学的人力资源管理制度，高度重视企业人力资源管理工作，为企业长久发展奠定良好基础。

2. 建立科学的人力资源选拔制度

大学生初创企业为了加强自身竞争实力，实现长远发展目标，必须将人力资源管理纳入经营管理重点，注重吸收具备高能力、综合素质的全新人才。初创企业在起步发展阶段，由于各方面内容不完善，人才吸引力不足。因此企业管理者必须立足于发展实况，营造和谐的工作环境，按照人才的能力水平制定不同等级的福利待遇，以此加强人才吸引力。多数企业在招聘人才时，优先考虑具备工作经验的人才，希望以此减少人才培育成本。然而多数是具备经验的人才，也有部分是由于无法胜任工作，对现有工作不感兴趣，由于自身性格所致，团队意识中存在不和谐因素，因此对企业发展影响较大。因此企业在招聘人才时，不能过度关注有工作经验的员工，应当考虑大学毕业生。由于毕业生接受新生事物比较容易，没有条框限制，具备较强可塑性，可以成为企业发展的重点培养对象。同时，企业在选聘人才时，还应关注到适才问题，只有满足企业发展要求的人才，才能够在任职期间发挥出无限价值，还可以避免优秀人才岗位分配不合理问题，减少人力资源浪费。

3. 建立和实践科学绩效考核制度

建立科学的绩效考核制度，可以为大学生初创企业人力资源管理提供制度保障。分析员工业绩考评与综合评价，有助于形成标准化流程与制度，全面反映出员工表现与能力水平。按照员工综合能力评价结果，适时采取奖励激励措施。针对表现不理想员工，应当提供培训与学习机会确保员工在本职工作期间可以获得劳动报酬，同时能够获取专业知识，丰富自身知识体系，为企业发展贡献自身力量，实现人才的长远发展。由于大学生初创企业的发展过程不成熟，因此必然会出现人员流动问题。基于这种现状，企业应当注重管理员工绩效考核问题，制定科学合理的考核制度，确保员工可以正确认识到企业发展方向，适时调整自身职业发展规划。

4. 建立激励晋升机制

大学生初创企业在成立之初会面临较多问题，人力资源管理问题比较显见。然而对于企业现存问题，大学生初创企业必须做好人力资源管理，将人才作为企业发展的竞争因子。当企业缺乏人力资源优势时，将会影响长远发展目标。相比于成熟发展企业来说，初创企业缺乏健全的人力资源管理机制，因此在人才引进及管理工作中存在难度。然而，正是由于初创企业处于发展初期，能够为员工提供充足的发展空间，限制性因素比较少，可以帮助员工全面展现出自身才能，以此实现自我价值。初创企业建立激励晋升机制，可以使员工时刻掌握自身发展方向，跟随企业发展脚步，不断优化和完善自我，以此实现综合化发展。

第七章　大学生创业风险与防控

本章针对大学生创业风险与防控展开论述，围绕三个方面进行阐释，依次为创业风险概述、创业风险的发生途径与防范、创业者风险承担能力评估。

第一节　创业风险概述

一、创业风险与大学生创业

创业风险是来自于创业活动有关因素的不确定性，因此，企业从一开始就要面对风险的考验，而且风险也将伴随着企业成长、成熟的每一个过程。与一般企业相比，初创企业在各个方面都不稳定，处处可能遭遇风险。即使是快速发展的初创企业，一些风险虽未显现，但也可能已经蓄势待发了。比如管理薄弱、计划不力和资源浪费；领导者越发难以控制企业发展；企业正在偏离既定的发展目标；员工及部门间沟通不畅；员工培训不力，员工工作效率不高；权力过度集中于创始人，造成授权困难，难以执行管理制度；产品或服务质量难以保证；忽视企业创新和长期发展等。

创业已经成为大学生实现职业发展和体现自身价值的重要途径，但创业过程充满风险，加之大学生缺乏创业经验和社会阅历，导致创业成功率普遍较低，创业失败会造成学生、家庭、社会的财物损失，还会打击学生创业者的信心，因此，在校期间就要对其开展创业风险教育，帮助其增强风险意识，增强风险处置能力，使创业过程更为顺利。创业已经成为大学生实现梦想，完成职业发展的重要途径，得到了国家、社会、学校、家庭的认可和支持，但由于种种原因，获得成功的大学生创业者并不多。在创业过程中，大学生创业者与其他创业者相比，由于其缺乏社会经验、企业管理经验等，其遇到的风险更多，加之大学生创业的企业以小微企业的为主，其抗风险能力更弱，因此，在校期间就要加强风险教育，丰富其抗风险的知识，增强处置风险的能力。

二、大学生创业面临的风险类型

（一）法律风险

大学生创业的企业多为小型企业，很多创业者会认为企业较小，遇到的法律问题不多，导致对法律相关风险的认识不够，实际上在民事诉讼案件中，中小型企业的占比并不低，加之执行力度的不足，导致这类风险会伴随创业企业的整个成长过程，如果得不到重视，可能导致创业企业陷入困境，甚至前功尽弃。在大学生创业中，会面临多种类型的法律风险，具体包括：

1. 企业合同法律风险

合同是企业开展经营活动无法避开的法律文书，在其订立、生效、履行、变更和转让、终止及违约责任的确定过程中，都可能存在无法执行的风险，尤其对创业初期的企业影响更为明显，会造成一定的利益损失。

2. 知识产权法律风险

国家对知识产权的重视程度越来越高，但不少大学生在创业中因未能做好知识产权保护工作，导致自己的创意、产品、设计等被人抄袭，或者在使用别人作品的时候没有做好相关的知识产权工作，导致出现知识产权法律风险，轻则影响业务开展，重则影响企业生存。

3. 盲目提供担保产生的法律风险

由于大学生进入社会时间较短，对人缺乏警惕性，轻易给人提供担保，当对方无法还债的情况下，导致自己需要承担相应的连带责任，使企业的信誉、资金等方面受损，影响了企业的发展和生存。

4. 劳务纠纷类法律风险

在企业管理过程中，与员工发生劳务纠纷也在所难免，在人员招聘的整个过程，如招聘、录用、劳动合同的签订、员工收入、福利、解聘等都会涉及相关的法律，如果不能够充分利用法律保护好双方的权益，会带来劳务纠纷，对企业的名誉和经济权益都会造成影响。

（二）资金风险

除了在企业合同、担保、知识产权保护、劳务纠纷等法律风险外，更为严重的是资金风险，尤其对于大学生创业的小型企业而言，资金风险会一直伴随企业的整个发展过程，这就需要创业者提前考虑是否有足够的资金保障企业的发展。资金是保障企业正常运行的基础，大学生创业时大多没有太多的财务知识，对企业可能遇到的资金需求没有直观的感受，对于初创的企业而言，很多大学生创业者只计算了企业发展顺利情况下的资金需求，而缺乏对企业出现收入低于预期、计划外支出增加等风险的预判，这些风险对企业的发展产生致命的威胁，通过对失败的创业案例分析，发现大多失败的创业企业都是由于资金链紧张，而导致企业破产或影响企业规模的扩大。在创业的过程中，大学生创业者需要充分考虑资金的来源，建立相对稳定的银行贷款、民间融资等渠道，利用外来的风险投资、政府的创业补贴等留足备用资金，充分考虑到资金的流动情况，控制好发展规模，杜绝短期内的大规模扩张，采取各种可预见的方式，减少创业的资金风险。

（三）管理风险

大学生创业者有创业的冲劲以及知识、技术的优势，但在企业的管理、人力资源的配置、人员的沟通等方面存在普遍的管理能力不足，如果想创业成功，大学生不仅在资金、技术等方面需要做好准备，在经营管理方面也需要具备一定的技能。在大学期间就可以通过一些社团活动、社会兼职、虚拟开店等方式，锻炼管理才能，有意识地培养领导力和处理人际关系的能力。在大学生创业的过程中，在管理方面可能出现决策失误、沟通不畅、用人不当、经验不足等各种状况，很多情况都会影响企业的发展和成长，加之大学生创业者在资金、管理意识等方面存在问题，管理更容易出现问题，如对人员的管理方面，由于企业较小，多以人情去管理，当企业规模扩大后，就会出现各种管理的漏洞。

（四）意识风险

大学生没有真正步入社会，缺乏一定的社会经验。高校的学生大多数的时间都在学校里度过，社会实践并不是他们学习生活的主要部分。虽然高校注重实践能力的提高，但大部分都是专业技能都是在学校教授的，因此学生对于创业项目的风险意识和抗风险能力都较差。一开始他们都抱着尝试的心态去参加创业项目，认为创业有很大的潜力，没有意识到接下来潜在的风险和挑战。在新时代的背景下，意识风险对创业团队至关重要，由于缺乏一定的风险意识，相关的风险应对措施也没有得到落实，创业者容易面临更多的困难。

（五）竞争风险

随着互联网时代的到来，人们越来越期待美好的生活，对于初出茅庐并且刚刚进入创业市场的年轻大学生而言，竞争风险对他们来说是一个难题。一些老牌的科技企业可能会采取价格战的方式去挤压新的科技创业项目，而没有经验的大学生面对复杂的竞争攻势，难以想到较好的应对方式。面对激烈的市场，在理论层面应该制定战略规划，同时也需要坚实的创业项目的理论知识作为铺垫，大学生的理论知识较为薄弱，需要以更大的耐心去解决这个问题。刚进市场的创业项目容易受到挤压，高校的大学生面临更大的竞争挑战。

三、大学生开展创业风险教育的必要性

（一）社会主义市场经济的必然需求

与计划经济相比，在市场经济中参与经济活动的企业需要参与市场竞争，尤其是在没有太多技术壁垒的相关领域，竞争更为激烈，所遇到的困难和风险更为多样，更难预测，加之大学创业的企业多以小微企业为主，其风险抵抗能力较弱，在市场经济中很容易陷入困境。具体而言，从大学生创业企业的设立开始，到企业的经营、管理、劳动用工、资金使用等方面都存在风险点，稍有不慎，就会使大学生创业者遭遇失败，因此，在大学生正式创业之前，在学校中对其加强风险教育，使其能够更快更好地适应社会主义市场经济的要求，避免或减少风险的出现，使大学生创业少走弯路。

（二）增强大学生风险处置能力的必然要求

市场经济变化迅速，尤其是全球化发展的过程中，其变化更难预测，面对目前的经济现状，大学生在创业中会遇到法律、资金、管理等多方面的风险，其中有些风险是市场经济中不可避免的风险，有些风险则是可以提前化解的，无论是不可避免的还是可以化解的，都需要大学生具备相应的控制和处置能力，这些能力如果通过其在失败经历中获取，成本会非常大，甚至会断送企业的发展，但如果通过在大学生创业前或者初期给予一定的创业风险教育，会降低其后续发展中遇到风险的概率，也是其增强风险处置能力的必然要求。针对大学生创业过程中可能遇到不同类型的风险，对其开展风险教育取得的效果也有差别，其中法律类风险是较容易通过教育的方式提高其处置能力的一类风险。

（三）促进创业企业的可持续发展

大学生创业者创办的企业主要以小微企业为主，在创办过程中，相对于其他创业者而言，大学生创业者具有更好的创业意识、思维和能力，随着越来越多的

人创业，小微企业的竞争也越来越激烈，与有一定社会经验的创业者相比，大学生不缺活力和精力，但缺乏经验和韧性，如果减少其在创业过程中的挫折会使其创业的信心增强，这就需要减少其遇到风险的几率，增强其妥善处理风险的能力，通过开展相关的教育可以促进这一目标的达成，而且对创业者而言，在企业发展过程中，时刻保持风险意识也有利于企业的持续发展，如果大学生创业成功的企业越多，对整个社会企业竞争力的提升，产业的转型都有促进作用。

四、大学生开展创业风险教育的途径

（一）增加贴近创业的法律、管理等教育内容

目前，大学都开设了与创业相关的课程，但从课程教学的内容来看，大多集中在企业的设立、创新思维的培养、企业管理等方面，而且多以理论为主。为了减少在法律、资金、管理等方面的风险，需要学校在创业教育中增加贴合创业实际情况的内容，以真实案例进行讲解，增加学生的学习兴趣和教学内容的可操作性，同时，需要加强相关课程的师资队伍建设，由于目前开展创业教育的以学校老师为主，大多没有亲历过创业，对创业知识也是一知半解，更缺乏实践方面的指导能力，因此，需要增加有创业或企业管理、经营经验的人员参与教学，并将其自身积累的法律、金融、管理等知识传授给学生，这样可以使创业教育的开展在内容方面更具有针对性。

（二）增加校内模拟创业的难度和风险场景

很多高校目前都创设了创业园，用于学生在校期间进行创业的尝试，虽然开展得如火如荼，但因为大学创业园中创业的经济、法律环境等与实际情况存在差距，加之缺乏具有实战经验的创业指导老师，这些不利因素都导致创业园的使用效果不佳。这就需要高校可以适当地将创业园对社会开放，使大学生创业者能够跟社会接触，增加模拟创业的难度和遇到风险的几率，从而使其能够接触更多的风险场景，并在这一过程中帮助其处理风险，既锻炼了学生的风险处置能力，又能够帮助学校丰富后续创业工作体系的建设，能够在一定程度上减少大学生创业的风险。

（三）引入企业合作开展教育，增加实践机会

大学生创业不仅需要学校来主导，还需要邀请合作企业参与，大部分学生创业的领域都与自己所学专业相关，因此如果能够了解本专业相关企业的运行模式、

管理方式等，对其后续的创业活动而言，会少走很多弯路。因此，高校可以尝试引入相关企业，开展与企业的合作，对创业学生进行培训和教育，并帮助学生利用实习、实践的机会，走进企业，参与企业在法律、资金、管理等方面的工作，增加学生参与企业运营的经历，使其能够较为全面地了解企业的全貌，为后续自己开展创业活动奠定基础，例如可以让学生全程参与一些小型项目的运营，能切实地得到实践经验，比单纯的理论学习更为有效。越来越多的大学生加入了创业的队伍，如何帮助他们在创业中规避各类风险，是高校在开展创业中的重点工作，通过各种途径和方式，提高创业大学生在法律、资金、管理等方面的风险警惕性和处置能力，既可以提升创业成功的几率，也可以为创业教育的效果的达成提供保障。

第二节　创业风险的发生途径与防范

一、大学生创业风险管理策略

大学生创业是当今社会高度重视的一项系统性工作，需要由政府引导、高校和企业支持、大学生发挥主体作用，各方共同努力才能有效预防大学生创业的风险，将大学生创业工作落到实处。新时期政府在推动大学生创业、缓解大学生就业压力、促进经济转型升级上需要及时研判在大学生创新创业过程中存在的问题，采取相应对策，切实保障大学生创业工作有效开展，提高大学生创业成功率。

（一）加强创业教育，提高大学生创业技能

大学生创新创业能力的提高，前提在于创新创业知识的学习。政府需要协调各方力量，针对大学生创业创新建立起一套系统、有效的教育体系。政府可以与高校和行业企业紧密联系，以“政府牵头、高校搭台、企业唱戏”为抓手，采取多种政策措施，鼓励和推进大学生的创新创业教育。从高校方面来讲，高校应以创业创新为目标，调整和丰富创业创新课程，普及大学生创业基本知识。从企业来讲，企业可以在不影响自身运营的前提下，配合高校制定人才培养计划，低薪或公益性地去学校开展创业讲座、分享企业家创业成功经验，对大学生创业进行实践指导在与高校共同培育大学生创业企业的同时，也为企业自身培育潜在人才和合作伙伴。

从政府方面来讲，政府可以设立专门机构督促引导高校有的放矢地开展大学生创业工作，建立和完善创业教育制度，明确高校、企业等各方在大学生创新创业工作中的责任与权利，并针对大学生创业教育体系建设划拨专项资金，用于制定课程、补贴教师及企业管理人员等方面开支，同时，还需要审查高校和企业的培养目标，制定合理的考核方案，加强对创新创业教学成效的考核与评价。

（二）坚持市场导向，统筹优化创业资源

首先，政府应结合市场动向以及各地创业支持情况，重新梳理对大学生创业的各项支持政策，统一各地区对大学生创业的扶持政策，避免出现区域政策支持力度不均现象。

其次，需要充分发挥政府、高校和企业之间的协同作用，对分布在各方的资源要素统筹管理，对大学生创业的政策优化、项目帮扶及团队能力提升等方面提供更多资源，鼓励企业有经验管理型人才加入大学生创新创业，搭建“大学生＋专业管理人员”的创业模式。

再次，需要进一步优化大学生创业孵化器建设，政府应针对当前各地在创业孵化器建设中存在的同质化、粗放化问题加强管理和规范，对现有孵化器进行整合优化，打造出一个多层面、立体式，各有特色、彼此互通的创新型创业孵化体系，以实现社会资源的高效统筹利用，让资源实现错位竞争，降低大学生创业的成本，提高创业成功率。

（三）重视创业实践，拓展大学生创业融资渠道

政府还需拓展大学生创业的其他融资渠道，通过为大学生创业开辟绿色贷款通道、设立大学生创业基金等为其创业提供资金保障。政府可以鼓励高校以事业经费的一定比例自行设立创业支持基金，无息支持优秀创新项目；鼓励企业以资金入股大学生创业企业，投资所得收益享受相关税收和政策优惠；鼓励教师和社会人士为大学生创业捐赠资金，通过设立爱心创业资助基金，为大学生创业提供低息或无息贷款，并允许抵扣个人所得税。通过政府政策引导，实现多管齐下，为大学生创业提供多渠道的资金支持。

二、网络创业风险的发生与防范途径

在自主创业的过程中，电子商务成为不错的创业出口和载体，各种类型的网络销售平台也为人所熟知，除了阿里巴巴、京东，微店、抖音、快手也成为新型网络创业平台。网络创业成本较低，营销方便，便于资金的流通和撤回，但其中也存在极大的风险，容易给创业者造成损失。

（一）网络风险产生的原因

1. 热情大于能力，理想超越现实

很多大学生在网络创业活动中存在眼高手低的倾向，他们没有分析自己的现实条件和可利用的资源优势，却过高地设定目标，缺乏明确的自我定位，也不善于捕捉敏锐的市场信息和动向，造成网络创业活动经常“胎死腹中”。很多大学生盲目创业，不假思索地进行投资，梦想着快速回本实现盈利，一旦遇到经营困难或其他问题便消极退缩，失去信心，最后自断后路。由此可见，大学生网络创业的心理尚不成熟。

2. 缺乏经济基础和网络创业知识

除了缺乏前期的市场调查，大学生网络创业活动经常受限于经济基础和网络专业知识。很多大学生经济基础比较薄弱，基本上处于白手起家的状态。在当前社会主义市场经济发展模式下，过于薄弱的经济基础在创业初期可能会使创业者捉襟见肘。因此，对于经济基础比较薄弱的大学生来说，其最主要的网络创业模式是在网上开店，这种运作模式只需要交纳一定的保证金就可开店铺，成本较低，管理方式灵活，对网络运营作息时间也没有过多要求，比较适合大学生群体的创业活动。但是，如果长期拘泥于网店经营模式，就会导致大学生网络创业形式单一，无法开发网络潜力，也难以体现出互联网资源的优势，甚至导致产品同质化倾向过于严重，不利于网络创业系统的健全。

3. 缺乏网创风险意识

大学生网络创业失败的因素大多集中在风险意识差这一个方面。风险指的是大学生在网创活动中或者在实现创业目标的过程中存在的诸多内外部因素，这些因素包括技术、资金运营和市场环境等多个方面。大学生由于缺乏社会阅历和创业实践经验，大多数人的个人素养达不到网络创业的要求。因此，在创业活动进行之前需要对创业项目进行专业分析，全面考量创业项目的竞争优势、市场饱和情况、技术难题和货源问题。还有很多大学生创业者虽然在第一轮的筛选中存活了下来，获得了一定的生存空间，但在进一步拓展时，由于团队内部管理出现分歧，没有适时调整，导致创业项目内部的核心凝聚力下降，造成创业失败。

（二）网络创业风险的防范策略

1. 创业先研究，合理定位网络创业项目

针对大学生网络创业活动中定位不清、盲目加入、过于理想化的问题，大学生群体在网络创业活动中要进行深入的市场研究和调查，对网络创业项目进行科学定位。

第一，大学生要结合自己的专业优势和兴趣爱好对市场情况进行研究，选择网络创业的领域和方向。当前，常见的网络创业方向主要包括电子商务和游戏社交网站等，在确定方向的过程中，大学生要对行业特点和消费人群进行调查，如果发现市场饱和度太高，就要及时止损，避免盲目扎堆造成同质化现象。

第二，要对产品进行合理定位，本着差异化竞争的原则，突出自己的品牌优势和产品特点。大学生普遍生活在高校象牙塔，还没有感受到社会真实生活的节奏和压力，建议大学生创业群体走出校园参与社会实践，对目标客户的群体需求进行深入查访。

2. 提供资金支持，学习网创知识

对于大学生网络创业活动中面临的资金紧张和网络知识匮乏等问题，政府有关部门和社会各界要建立较为完善的大学生创业活动资金支持体系，根据经济发展的实际情况，以政府为主导，吸纳社会力量，共同参与到对大学生创业活动的支持工作中。同时，大学生应加强对网络创业知识的学习，丰富网络创业模式，避免产品和服务过于同质化。面对日趋饱和的网络市场，为了降低淘汰率，大学生要在创业活动中增强核心竞争力，学习物联网相关知识，掌握网络资本运营的基本流程和规范，树立创新意识，并在创业活动中提供更多有价值的建议，拓宽网络创业的渠道和空间。

3. 提高大学生网创风险意识

针对当代大学生网络创业风险意识较差的问题，需要提高大学生风险意识，从而解决网络创业初期的第一道风险关卡。如果资金链断裂，网络创业项目在初期就无法运行。很多大学生在创建网站时并没有考虑到网站的建设成本，造成后期的推广战线过长，无法继续发展下去。开网店是众多大学生网络创业的首选项目，网店若要持续经营，就要保证稳定的供货源，同时账面上需要有稳定的现金流，否则如果市场情况有异动，库存滞销，就会给资金链造成更大的压力。因此，对大学生来说，其在选择网络创业项目时一定要把零散的资源组织起来，拓宽人脉和货源，保障供货稳定，如果一直以零散的价格进货会缩小利润空间，也无法吸引顾客，货源渠道不稳定也会影响网店的口碑。另外，应结合市场需求和顾客的兴趣爱好，根据主流消费趋势选择流行的商品，并保障品种规格齐全，不能因缺少稳定货源而导致客户流失。

三、创业法律风险的发生与防范路径

（一）创业法律风险发生的原因

大学生在大学当中所接受到的法律法规教育会直接影响到大学生在面对创业风险时，是否可以积极应对。大学生创业法律风险的形成原因可以分为两个部分，一部分是外在因素及社会当中的诱惑以及校园内的法律法规教学；另外一个部分则是学生自身的法律意识。这两个部分都会直接影响大学生在创业的过程当中遇到法律风险时是否可以及时解决，避免创业失败。除去大学生自身法律观念薄弱以及教学中所涉及的相关内容较少以外，许多大学的校园创业教育难以从根本上满足大学生的求职需求。许多创业教师在进行教学的过程当中，并没有对与创业有关的法律法规进行充分的了解，甚至部分教师没有企业工作经历，仅仅是通过创业教学培训之后，便开始对大学生进行授课，进而导致创业课的教学内容过于死板，很难真正满足大学生的学习需求。这也就要求大学生在进行创业的过程当中，应当提升自身的法律防范意识，并且学会利用法律的武器，积极维护自身的合法权益。

（二）创业法律风险防范途径

1. 完善大学生创业保障体系

想要从根本上提高大学生创业成功率，就需要对大学生创业保障体系进行完善。在当今社会中已经形成了一定的保障大学生创业的体系，但这些体系并不能满足大学生日益增长的创业需求，这就需要有关部门在明确大学生创业权利与义务的过程当中，积极完善对于大学生创业法律的保障体系。各地政府与大学生创业者之间应当构建起良好的沟通桥梁，在确保大学生创业合法性的基础上对大学生创业保障体系进行完善。社会中的创业园区以及孵化园区等为大学生所提供的创业基地，可以在为学生提供大量社会实践机会的同时，定期举办商业洽谈会对大学生创业进行正确指导。

除此之外，各地政府可以通过不断加强创业福利屏障，以此来减轻大学生在创业过程当中可能遇到的心理压力，同时达到降低大学生心理成本，提高大学生创业成功率的根本目的。与此同时，大学生在创业失败之后，确保其可以按照社会当中的最低工资标准，向有关机构申请创业失败补贴。也就是说，相关机构在完善大学生创业保障体系的过程中应当从两个方面入手，一方面是不断优化大学内的创业人才培养方案；另一方面是尽可能地构建较为完善的创业师资团队。通过优化创业人才培养方案，可以引导大学生在掌握相关专业知识的同时，增强自身的实践能力，尽可能地实现创业教育的全面覆盖。良好的师资团队可以为大学生提供十分充足的实践经验，进而引导学生在创业的过程当中正确利用自身的优势并规避缺陷，选择最为合适的创业方向。教师在对学生进行创业教育的过程当中，应当充分考虑到学生的身心发展规律，并且结合学生的未来发展方向对其进行培养及针对性的教学。也就是说在教学的过程当中，应当建立动态的评价机制，对学生的创业能力进行多方面的培养以及评价，提高创业教育教学效率，为大学生创业保障体系的完善打下坚实的基础。

2. 加强对大学生的法律普及

各大院校要加强对大学生的法律普及力度，完善大学生法律教育课程体系，在对大学生的创业进行指导的过程当中，引导大学生树立正确的法律观念。在完善针对大学生的法律教育课程体系的过程中，应当为大学生选择针对性极强并且具有一定合理性的课程。并且所设置的法律教育课程，应当为大学生的必修课，同时应当增加创业教育以及法律教育课程的学分占比，以此激发大学生的重视程度。在培养大学生法律意识的过程中，应当充分加强大学生的实践能力，教师可以创设一定的教学活动来加深学生对知识的掌握力度，在对学生进行教学的过程中，教师可以围绕我国《合伙企业法》《个人独资企业法》以及《劳动合作法》等内容对大学生展开法律教学，以此尽可能地帮助大学生避免在创业过程中可能遇到的问题。除此之外，教师应当学会根据不同的法律内容，对学生进行差异化讲解，尽可能地为大学生打下良好的法律基础，进而降低大学生在创业过程当中遇到的风险。

3. 营造法律化的创业环境

大学生的创业失败归根结底是由于社会当中的创业环境法律性不足，在经济法视阈下增强大学生创业法律风险防范路线，应当尽可能地营造法律化的创业环境，进而提高大学生创业成功率。在营造法律化创业环境过程当中，可以在大学生创业组织当中构建一定的互动沟通群，引导大学生在这样的平台内对自身遇到的困难进行沟通。

大部分大学生在创业初期的企业规模较小，同时拥有较少的资金，因此社会当中的相关机构可以针对大学生创业中的小型企业以及微型企业执行一定的税收优惠政策，并且可以为这些大学生创业者提供专业的税务服务，尽可能地降低大学生在创业过程当中的创业成本以及资金成本，从根本上给予大学生充分的资金支持。但由于大部分大学生的法律意识淡薄，因此相关政府部门也应当不断加强自身的职权作用，为大学生提供最为先进的创业市场潮流资讯，引导大学生在创业的过程当中，朝着科技的方向不断发展，进而促进我国经济社会的可持续运转。

4. 构建专业的创业法律风险教学团队

构建专业的创业法律风险教学团队是提高大学生创业成功率的根本途径，这就需要各大院校在招聘创业教师的过程中擦亮双眼，选择综合素质较高并且对相关法律有一定了解的应聘者。在传统的教学模式中，教师往往是根据其他学科的教学经验展开创业教学，但创业教学的根本目的是培养学生的创业意识，进而增强学生的风险防范意识。许多创业风险教师认为，对于学生的风险教学属于“无中生有”，进而在教学的时候没有将全部精力投入到教学工作中。因此，各大院校应当构建较为完善的创业法律风险教学团队，在教师招聘之初就应当选取专业素质以及实践能力较高的教师担任。

5. 完善创业风险教学评价体系

教学评价体系不仅是针对教师，同时也应当针对学生。在传统的创业风险教学考核当中，对于学生最终的考核方式仅仅是通过试卷进行考核，这种考核方式过于单一，无法充分了解学生对于创业风险教学的掌握程度。在完善创业风险教学学生评价体系的过程中，应当适当完善学生考核方式，可以根据相关的创业风险教学内容，为学生设置一定的创业情境，并由学生在情境中完成作答。这样可以充分考核当学生面临创业风险时的解决方式，可以在加强考试严谨性的同时，增加学生对这门课程的重视程度。在完善创业风险教师教学评价体系的过程中，各大院校可以利用互联网技术构建教学评价页面，学生可以在每个学期末通过评价页面对教师的教学水平进行评价。在教师评价体系当中，可以引导学生对教师的教学水平、教学态度以及教学内容进行综合评价，并且可以在页面中阐述对于教师教学的意见或者是建议。这样不仅可以令院校了解到教师真实的教学水平，还可以从侧面拓宽学生的教学活动参与度，激发学生的学习兴趣。

第三节　创业者风险承担能力评估

一、风险承担的内涵

“风险承担”最早来源于企业家特质的研究，认为企业家是对旧生产方式进行“创造性破坏”的变革者，也是勇于承担风险、善于捕捉和把握机会进行开辟的革新者。企业家敢于创新、敢于冒险的本质就是通过承担额外风险去追逐利润，因此风险承担研究离不开对企业投融资等风险活动的分析。风险承担的早期研究是作为创业导向的关键维度集中在高风险的金融领域，逐渐转移至实体商业和创新创业领域，研究结果复杂多样。

创业者的风险承担内涵包括四个方面：

（一）从认知的视角

风险承担是反映企业愿意投资高风险项目的程度和倾向，强调创业者对不确定性或模糊性风险愿意忍受的程度，受到风险认知、心理倾向等主观态度的共同影响。

（二）从能力的视角

风险承担是创业者应对外界经营风险变化的客观能力，包括对不利因素的缓冲与抵抗，与企业所处生命周期、行业属性等因素相关。

（三）从水平的视角

风险承担具体指创业者承担风险的高低程度，即风险承担的效果，具体包括经营风险水平和财务风险水平。

（四）从行为的视角

风险承担指创业者在投资决策过程中对风险项目的分析和选择。

二、大学生创业者风险承担能力评估

如表 7-3-1 所示，影响大学生创业者风险承担能力因素量表中可以看到影响创业者风险承担能力因素有自身因素、心理因素、社会关联因素和政治关联因素等。创业者是创业企业决策的最终制定者和执行者，其个体特征如性别、年龄、文化水平等都会影响战略选择，从而影响企业风险承担行为。例如，有学者发现女性投资决策时相对谨慎，随着年龄的增长会更趋于保守，减少甚至限制企业高风险项目的投资，降低企业风险承担水平。环境不确定性、信息不对称性等外界因素使管理者的心理形成控制幻觉、过度自信等认知偏差，通过提升创业者的风险偏好从而影响企业风险承担的相关选择。虽然创业者的社会网络，尤其是政治关联，可以帮助企业获取风险承担所需的大部分信息资源，提高风险承担能力。但也有研究证明，认知偏差及信息成本的考虑使得创业者决策无法每次都做到完全理性，过度的风险承担将提升企业失败的概率。有学者则通过整合经验学习和认知理论，发现创业者失败经验与企业风险承担的倒 U 型关系，同时验证了失败经验于创业决策和绩效是把“双刃剑”。

表 7-3-1　大学生创业者个人风险承担能力因素量表

大学生创业者	人口统计学变量	性别、年龄、婚姻状况、文化水平等
	心理特征	心理资本、过度自信、控制错觉、自我效能
	社会特征	社会网络、先前经验、失败经验、
	政治关联	政治关联

三、影响大学生创业者风险承担能力的其他因素

（一）创业者的关系建立能力有助于创业风险承担

大学生创业者对外部新关系的建立可以有效增强其创业风险的承担水平，因为新关系的建立能够引入更多新的资源，满足了创业资源需求，不过，此时对创业资源编排的需求则会有所降低。此外，由于对新资源的属性及其运用较为陌生，大学生创业者及其新创企业难以快速、有效地对新、旧资源进行合理编排。

（二）创业者的关系协调能力有助于创业风险承担

大学生创业者对外部关系的协调能力越强，意味着大学生创业者可以最大化地利用外部关系满足自身发展需要，也更容易在创业关系网络中获得较高的“位势”，进而与其他利益相关者形成更加稳固的关系。在此基础上，一方面，创业者的风险承担水平可以得到很大程度的提升；另一方面，创业者可以利用在网络中的位置优势以及逐渐稳固的合作伙伴关系去熟悉和准确引入所需的资源，更高效地进行资源编排。

参考文献

[1] 洛绒尼玛 . 五年五届“创响甘孜”创业大赛赋予甘孜“双创”发展新动能 [N]. 四川日报，202-12-23（011）.

[2] 柴桂清 . 凌源市党建与业务深度融合就业工作成绩突出 [N]. 朝阳日报，2021-12-23（001）.

[3]《大学生创新创业教育与就业指导》简介 [J]. 宁波教育学院学报，2021，23（06）：2.

[4] 郭晋晖 . 千万大学生涌向就业市场这三个行业领跑“秋招季”[N]. 第一财经日报，2021-12-17（A07）.

[5] 李昊瞳 . 乡村振兴背景下激发大学生农村创新创业活力的措施 [J]. 山西农经，2021（23）：174-176.

[6] 吴燕，孙兴民，步晓婷 . 驻镇高校大学生创新创业教育协同发展路径研究 [J]. 中国商论，2021（23）：156-158.

[7] 刘锋，朱宇航 . 农村大学生就业竞争力的培养途径刍议 [J]. 山东农业工程学院学报，2021，38（12）：70-74.

[8] 岳同辉 . 高校思政教育对大学生就业创业的价值作用探究 [J]. 产业与科技论坛，2021，20（24）：84-85.

[9] 杨洁 . 以城乡双向便捷流动吸引大学生到农村就业创业研究 [J]. 农业经济，2021（12）：102-104.

[10] 吴章健 . 大学生就业创业在我国当代影像中的呈现 [N]. 文艺报，2021-12-10（003）.

[11] 陈光灿，田起帅 . 乡村振兴战略背景下大学生创业就业能力提升策略研究 [J]. 陕西教育（高教），2021（12）：71-72.

[12] 龙萨金，高龙钰 . 基于大学生需求的就业创业平台新模式研究——以西安五所大学的调查为例 [J]. 陕西教育（高教），2021（12）：73-74.

[13] 陈瑞莲，罗婷 . 大学生返乡就业创业为乡村振兴注入新活力 [J]. 中国果

树，2021（12）：128-129.

[14] 张家铱．“互联网＋”背景下大学生就业创业指导工作问题探究 [J]. 山西青年，2021（23）：104-105.

[15] 王童乐，徐方伟，高强等．万柏林区深化省校合作推动高质量发展 [N]. 太原日报，2021-12-06（004）.

[16] 房珊．校企合作助推大学生就业创业 [J]. 今日财富，2021（23）：145-148.

[17] 李敏．新时期促进大学生就业对策探讨 [J]. 中国商论，2021（22）：169-171.

[18] 李海燕．基于市场需求为导向的大学生就业创业能力培养研究 [J]. 湖北开放职业学院学报，2021，34（22）：6-7.

[19] 徐佳佳．大学生群体就业创业的问题与对策 [J]. 人才资源开发，2021（23）：48-49.

[20] 张晓慧．高校创新创业教育对大学生就业能力的培养和提升 [J]. 创新创业理论研究与实践，2021，4（22）：71-73.

[21] 陈星宇，王怡．高校如何做好就业创业保障 [J]. 人力资源，2021（22）：118-119.

[22] 肖朵．创新创业理念与就业策略分析 [J]. 电子技术，2021，50（11）：212-213.

[23] 王甜甜，任路伟．高校思想政治教育与大学生就业创业教育的融合 [J]. 食品研究与开发，2021，42（22）：243.

[24] 许步亮．互联网时代下的创业模式新思考——评《大学生职业生涯规划与就业创业指导教程》[J]. 科技管理研究，2021，41（22）：247.

[25] 彭汉生．以培养大学生创新创业能力为核心的就业指导路径浅述 [C]// 劳动保障研究会议论文集（十二），2021：9-10.

[26] 张路瑶．基于就业创业视角的大学生人力资源开发 [C]// 劳动保障研究会议论文集（十二）.2021：25.

[27] 丁缪妍，周晗．把“好地方”城市魅力转化成人才引力 [N]. 扬州日报，2021-11-19（002）.

[28] 王金艳．高校就业创业教育实施精细化管理的思考 [J]. 产业与科技论坛，2021，20（22）：254-255.

[29] 陈永年．精准打通人才供给“大动脉”[N]. 运城日报，2021-11-08（006）.

[30] 李航 . 大学生创业与就业指导课程融入思政元素探究 [J]. 成才之路，2021（31）：37-39.